근대영미시선

근대영미시선

초판1쇄 발행 2010년 4월 5일
초판2쇄 발행 2011년 3월 1일
초판3쇄 발행 2016년 11월 1일
초판4쇄 발행 2020년 9월 9일

편역자 황재광 | **펴낸곳** 계명대학교출판부 | **펴낸이** 신일희
출판등록 제347-1998-1호(1970. 9. 1)

주소 대구광역시 달서구 달구벌대로 1095
전화 053) 580-6233 | **FAX** 053) 580-6235

ISBN 978-89-7585-492-7 03840

· 값 8,000원
· 잘못된 책은 교환하여 드립니다.

계명교양총서

53

근대영미시선

황재광 편역

계명대학교 출판부

머리말

미국의 시인 윌리엄 컬런 브라이언트는 시선집을 편찬하는 작업을 광대한 평원에서 야생화를 꺾어 화환을 만드는 일로 비유했다. 역자 역시 이 책에 포함할 시들을 찾기 위해 많은 시집을 읽고 뒤적이는 동안 곱고 향기로운 들꽃들이 피어있는 대평원을 헤매는 기분을 느꼈다. 그것은 저마다 다른 향기와 자태를 가진 영시들을 다시 읽는 즐거움과, 제한된 수의 작품을 선택해야하는 어려움이 함께한 경험이었다. 가장 힘들었던 부분은 영시를 우리말로 옮기는 과정에서 감당해야했던 영어 원전 텍스트의 강력한 저항이었다.

이 시선 집에 소개된 영시의 대부분은 영미권의 독자뿐만 아니라 국내의 시 애호가들에게도 널리 알려진 친숙한 작품들이다. 이들 중 몇몇을 제외하고는 우리들의 귀에 익숙한 이름의 시인들이 쓴 작품들로서 시대적으로는 16세기 후반에서 19세기 사이에 창작된 것들이다. 16세기 시인인 에드먼드 스펜서와 셰익스피어는 엄밀하게 말해서 근대 시인이라기보다는 중세와 근대를 이어주는 과도기적 시인이지만 그들의 작품을 본 시선집에 포함하게 되었다. 그 이유는 이들이 영시의 황금기인 엘리자베스 여왕시대의 대표적인 시인들이란 사실과 더불어 그들의 작품 속에서 이미 근대적 자아의식이 태동하고 있다는 판단에서였다.

이 책에 소개 된 한두 편의 개별 시인의 시를 통해 그 시를 쓴 시인의 특징, 시가 탄생하게 된 시대적 배경, 문학적 사조 등을 읽어내려는 것은 무리한 욕심일 것이다. 그러나 시를 선정하는 과정에서, 위에 열거한 세 가지 모두는 아니더라도 최소한 한 두 가지는 읽어낼 수 있는 시를 선택하려고 고심했다. 어떤 시는 역자가 선호하는 작품이라서 선택하기도 했지만 그것들도 여전히 많은 사람들이 애호하는 작품들이다. 설령 잘못 선정된 시라 할지라도 사람들마다 각자 감성의 더듬이가 다르므로, 그것이 어떤 독자에게는 심금에 깊은 울림을 줄지도 모른다는 생각으로 위안을 삼는다.

이 시선집에 소개된 시들은 시인의 출생연도에 따라 연대별로 정리되어있다. 미국시인들의 시는 별도로 수록했다. 번역과정에서 형식을 지킬 것인지, 내용을 따를 것인지 갈등하는 상황이 발생할 때는 형식에 앞서 내용, 즉 그 의미를 우선적으로 선택했다. 다만 이 시선집에 실린 상당수 시들은 소리를 내어 읽어야만 그 진가를 느낄 수 있는 정형시들임을 잊지 말아야 할 것이다. 스펜서와 셰익스피어의 소네트를 포함하는 창작연도가 앞선 몇몇 시에 사용된 고어들은 그것이 지닌 고유한 운율이 파괴되거나 전달하고자 하는 의미를 훼손되지 않는 범위 내에서 현대어로 고쳤다.

독자들의 이해를 돕겠다는 의도에서 시인이 활동했던 시대의 문학적 사조와 작품에 대한 필자 나름의 간단한 해설을 곁들이기는 했으나, 그것이 시를 읽는데 방해가 되거나 편견으로 작용하지 않기를 바란다. 모든 형식의 문학 작품들이 그렇겠지만, 인류의 가장 오래된 언어예술인 시는 독자와의 은밀하고도 진지한 일대일 만남을 요구한다. 따라서 제삼자의 개입으로 인한 선입견을 차단하기 위해서는 개별적 시와 시인들에 대한 필자의 해설은 본 시선집의 시들을 모두 읽은 이 후에 참고하는 것이 좋겠다. 다만 영시 해설 첫 부분의 영시 감상법은 시를 감상하기 전에 먼저 읽기를 권한다. 이 책을 통하여 독자들이 영시와 보다 가까워 질 수 있기를 기대한다.

2009년 가을

편역자 황재광

목 차

영국시*

Sonnet 6 (from *Amoretti*)

＊ Edmund Spenser

Be not dismayed that her unmoved mind
Doth still persist in her rebellious pride:
Such love not like to lusts of baser kind,
The harder won, the firmer will abide.
The durefull Oak, whose sap is not yet dried,
Is long ere it conceive the kindling fire;
But when it once doth burn, it doth divide,
Great heat, and makes his flames to heaven aspire.
So hard it is to kindle new desire,
In gentle breast that shall endure for ever:
Deep is the wound, that dints the parts entire
With chaste affects, that naught but death can sever.
Then think not long in taking little pain,
To knit the knot, that ever shall remain.

소네트 6 (소네트 연작집 아모레티)

＊ 에드먼드 스펜서

거역하는 자존심을 고집하며
움직이지 않는 마음에 절망 마오.
사랑은 미천한 것을 탐하지 않으며,
어렵게 얻을수록 더욱 굳게 변치 않는 법.
굳은 참나무도 진이 마르지 않으면
점화되어 타기까지 시간이 걸리나,
불이 붙어 타기 시작 하면
거센 화력, 그 불꽃은 하늘을 찌를 것이니,
변치 않을 여린 가슴에
새 욕망을 지피기는 어려운 것
상처는 깊어 샅샅이 모든 걸 아프게 치고
그 소모됨은 죽음 이 외는 막을 길 없으니.
작은 아픔에 오래 연연하지 말고
영원한 결실 맺기에 연연해하오.

Sonnet 75 *(from Amoretti)*

＊ Edmund Spenser

One day I wrote her name upon the strand,
But came the waves and washed it away:
Again I wrote it with a second hand,
But came the tide, and made my pains his prey.
Vain man, said she, that dost in vain assay
A mortal thing so to immortalize!
For I myself shall like to this decay,
And eek my name be wiped out likewise.
Not so (quoth I), let baser things devise
To die in dust, but you shall live by fame:
My verse your virtues rare shall eternize,
And in the heavens write your glorious name;
Where, whenas death shall all the world subdue,
Our love shall live, and later life renew.

소네트 75 (소네트 연작집 아모레티)

* 에드먼드 스펜서

어느 날 모래위에 쓴 이름
물결이 와 쓸어가고
또 다시 써 본 이름
파도가 와 헛수고되고 말았네.
헛된 이여, 그녀가 말했네.
영원치 못할 것을 영원케 하려 헛수고 하지 마오.
나도 이처럼 잔멸할 것이며,
내 이름 또한 지워지고 말 것이라오.
그렇지 않소, 내가 말했네, 미물은
죽어 먼지가 될지나 그대는 살아 영원히 빛나리라
내 읊는 노래 그대 고결함을 불멸케 하고
그대 찬란한 이름은 하늘에 새길지니,
죽음이 이 세상을 집어삼킬지라도
우리 사랑 영생하여 후세에 거듭 태어나리라.

Tichborne's Elegy

* Chidiock Charles Tichborne

My prime of youth is but a frost of cares,
My feast of joy is but a dish of pain,
My crop of corn is but a field of tears,
And all my good is but vain hope of gain;
The day is past, and yet I saw no sun,
And now I live, and now my life is done.

My tale is heard and yet it was not told,
My fruit is fallen and yet my leaves are green,
My youth is spent and yet I am not old,
I saw the world and yet I was not seen;
My thread is cut and yet it is not spun,
And now I live, and now my life is done.

I sought my death and found it in my womb,
I looked for life and saw it was a shade,
I trod the earth and knew it was my tomb,
And now I die, and now I was but made,
My glass is full, and my glass is run,
And now I live, and now my life is done.

티치번의 비가

＊ 치디오크 찰스 티치번

내 청춘의 절정은 차디찬 번뇌일 뿐,
내 기쁨의 향연은 한 접시 고통일 뿐,
내 거둔 곡식은 눈물의 들판 일 뿐,
내 모든 선행은 얻지 못할 헛된 바램,
날이 저물었으나 해를 보지 못했네.
나 지금 살았으나 내 인생 다 하였네.

내 이야기 들어도 전해주는 이 없고,
내 열매 떨어 졌네 잎사귀는 푸르건만.
내 청춘 다 지났네 아직 늙지 않았건만.
세상을 보았네 세상은 날 보지 못했건만.
내 실은 잘렸지만 직조되지 않았네.
나 지금 살았으나 내 인생 다 하였네.

죽음을 구했으나 모태에서 죽음을 찾았고,
삶을 구했으나 그것이 그림자임을 보았네.
대지를 밟았으나 그것이 내 무덤임을 알았고,
이제 나 죽지만 난 이제 막 태어났을 뿐.
내 잔은 가득 찼으나 내 잔은 금이 갔네,
나 지금 살았으나 내 인생 다하였네.

Sonnet 18

＊ William Shakespeare

Shall I compare thee to a summer's day?
Thou art more lovely and more temperate:
Rough winds do shake the darling buds of May,
And summer's lease hath all too short a date:
Sometime too hot the eye of heaven shines,
And often is his gold complexion dimmed,
And every fair from fair sometime declines,
By chance, or nature's changing course untrimmed:
But thy eternal summer shall not fade,
Nor lose possession of that fair thou ow'st,
Nor shall death brag thou wander'st in his shade,
When in eternal lines to time thou grow'st,
So long as men can breathe, or eyes can see,
So long lives this, and this gives life to thee.

소네트 18

＊ 윌리엄 셰익스피어

나 그대를 여름과 비교해 볼까?
그대가 여름보다 더 아름답고 유순하구나.
5월의 어여쁜 꽃송이 광풍에 흔들리고
여름철 한나절은 너무 짧으며
하늘에 뜬 태양은 때로 너무 뜨겁고
그 금빛 얼굴은 가려져 빛을 잃을 때가 있으며
우연 이든 자연의 변화무쌍한 변화 때문이든
곱디고운 것들은 이처럼 때가 되면 지고말지만
불멸의 노래 속에 그대 세월을 함께 할 때,
그대 영원한 여름은 빛바램 없고
그대 지닌 아름다움 손실되지 않으리니
죽음도 그대가 손아귀에 들었다고 장담치 못하리.
인간이 살아 숨 쉬는 한, 눈으로 보는 한
이 노래가 살아남아 그대 영생케하리라.

Sonnet 116

＊ William Shakespeare

Let me not to the marriage of true minds
Admit impediments[1] . Love is not love
Which alters when it alteration finds,
Or bends with the remover to remove:
O no! it is an ever-fixed mark
That looks on tempests and is never shaken;
It is the star to every wandering bark,
Whose worth's unknown, although his height be taken.
Love's not Time's fool, though rosy lips and cheeks
Within his bending sickle's compass come:
Love alters not with his brief hours and weeks,
But bears it out even to the edge of doom.
If this be error and upon me proved,
I never writ, nor no man ever loved.

1) 혼인식 때 신랑과 신부가 결혼하지 못할 이유가 있으면 누구라도 지금 말하라고 하는 순서가 있는데 이 때 말하는 혼인불가사유를 impediment라고 함.

소네트 116

* 윌리엄 셰익스피어

진실한 마음의 결합에는
혼인불가 사유를 용납지 않으리라.
변했다고 변하고 변절했다고
굽어지는 사랑은 사랑이 아니로다.
아, 사랑은 폭풍우에도
흔들림 없이 영원히 고정되어 서 있는 지표,
높이는 잴 수 있어도 가치는 측량할 수 없는
항로 잃은 배들을 위한 북극성 같은 것.
사랑은 세월의 놀림감이 아니니
장밋빛 입술과 뺨은 굽이굽이 세월의 낫에 스러질지라도
사랑은 세월의 짧은 시간 속에서도
변함없이 최후의 순간까지 모든 것을 견뎌내는 것.
만약 이 말이 틀렸다면, 그렇게 증명된다면
나는 결코 글을 쓰지도 그 누구도 사랑하지도 않았던 것이다.

Batter My Heart

* John Donne

Batter my heart, three-personed God, for you
As yet but knock, breathe, shine, and seek to mend;
That I may rise, and stand, o'erthrow me, and bend
Your force to break, blow, burn, and make me new.
I, like an usurped town, to another due,
Labour to admit you, but Oh, to no end.
Reason, your viceroy in me, me should defend,
But is captived, and proves weak or untrue.
Yet dearly I love you, and would be loved fain,
But am betrothed unto your enemy:
Divorce me, untie or break that knot again,
Take me to you, imprison me, for I,
Except you enthrall me, never shall be free,
Nor ever chaste, except you ravish me.

내 마음을 치소서

＊존 던

내 마음을 내리 치소서, 삼위일체 하나님,
이제껏 두드림과 숨결과 빛남으로 나를 고치려 하시었으나,
내가 일어나 우뚝 서도록 저를 거꾸러뜨리사,
전력으로 부수고, 밀치고, 태우시어 저를 새로이 빚으소서.
이 몸은 적에게 함락당한 마을처럼,
당신을 받아들이려 하나, 오, 소용없나이다.
내 안에 거하는 당신의 대리자, 이성이 나를 지켜야 하거늘,
붙잡힌 신세 되어, 나약하고 불충하나이다.
그럼에도 당신을 진정으로 사랑하고 진실로 사랑받고 싶으나,
당신의 적과 혼인하고 말았으니,
파혼하게 하시어, 매듭을 풀고 그 연분을 끊어주시고,
나를 데려가, 가두어 주소서, 나는
당신의 노예가 되지 않는 한, 결코 자유롭지 못하며
당신에게 겁탈당하지 않는 한, 순결하지 못할 것입니다.

A Valediction: Forbidding Mourning

＊ John Donne

As virtuous men pass mildly away,
And whisper to their souls to go,
Whilst some of their sad friends do say,
"Now his breath goes," and some say, "No."

So let us melt, and make no noise,
No tear-floods, nor sigh-tempests move ;
'Twere profanation of our joys
To tell the laity our love.

Moving of th' earth brings harms and fears ;
Men reckon what it did, and meant ;
But trepidation of the spheres,
Though greater far, is innocent.

Dull sublunary lovers' love
(Whose soul is sense) cannot admit
Of absence, 'cause it doth remove
The thing which elemented it.
But we by a love so much refined,

That ourselves know not what it is,
Inter-assured of the mind,
Care less, eyes, lips and hands to miss.

Our two souls therefore, which are one,
Though I must go, endure not yet
A breach, but an expansion,
Like gold to aery thinness beat.

If they be two, they are two so
As stiff twin compasses are two ;
Thy soul, the fix'd foot, makes no show
To move, but doth, if th' other do.

And though it in the centre sit,
Yet, when the other far doth roam,
It leans, and hearkens after it,
And grows erect, as that comes home.

Such wilt thou be to me, who must,
Like th' other foot, obliquely run ;
Thy firmness makes my circle just,
And makes me end where I begun.

이별의 말 / 애도를 금하며

*존 던

고명한 이들은 고이 숨을 거두며
저마다의 영혼에게 가자고 속삭이니,
슬픔에 잠긴 그 친구들 가운데 어떤 이는
"이제 숨을 거둔다"하고 어떤 이는 "아니다"고 말한다.

그처럼 우리도 태연히, 요란하지 않게,
홍수 같은 눈물, 폭풍우 같은 한숨 없이 헤어지자
세속적인 이들에게 우리 사랑을 말하는 것은
우리 기쁨을 모독할 뿐이다.

대지의 움직임은 재난과 공포를 불러오고
사람들은 그 여파와 의미를 헤아린다.
천체의 움직임은 그보다
훨씬 더 크지만 잘못이 없다.

희미한 달빛 아래 연인들의 사랑,
(그 사랑은 관능적이라) 이별을 불허하니,
이는 이별하면 사라질 것으로
이루어진 사랑이기 때문.
그러나 우리 이 고결한 사랑은

이별이 무엇인지 알지 못하고
마음으로 서로 통하여 있으니,
눈, 입술, 손이 떨어져 있다한들 무슨 상관있으랴.

그러므로 하나 된 우리 두 영혼,
비록 내가 떠나도
떨어짐이 아니라 늘어짐이니,
마치 황금을 두들겨 펴 늘여놓은 것 같으며,

그 마음이 둘이면 둘 인대로
마치 컴퍼스의 단단한 두 다리처럼
고정된 다리 같은 그대 마음
움직임 없고, 다른 마음이 움직일 땐 같이 움직인다.

그 다리는 중심에 있으나,
다른 다리가 멀리서 헤맬 때면
몸 기울여 귀 기울였다가
돌아오면 다시 곧추선다.

당신은 내게 이런 사랑이니, 난
다른 쪽 다리처럼 비스듬히 달려도
그대 변치 않음이 나의 원을 바르게 해 주고
내가 시작한 곳에서 내가 끝나게 해 준다.

To the Virgins, to Make Much of Time

＊ Robert Herrick

Gather ye rosebuds while ye may,
Old time is still aflying:
And this same flower that smiles today,
Tomorrow will be dying.

The glorious lamp of heaven, the sun,
The higher he's agetting,
The sooner will his race be run,
And nearer he's to setting.

That age is best which is the first,
When youth and blood are warmer;
But being spent, the worse, and worst
Times still succeed the former.

Then be not coy, but use your time;
And while ye may, go marry:
For having lost but once your prime,
You may for ever tarry.

처녀들에게 – 허송세월 보내지 마세요

* 로버트 헤릭

할 수 있을 때 장미봉오리를 거두어요.
오랜 세월은 멈춤 없이 흐르나니
오늘 웃는 이 꽃도
내일이면 죽고 말 것이라오.

하늘에 빛나는 등불 같은 태양도
높이 오를수록
제 갈길을 다해
저물 때에 가까웁다오.

젊음과 피가 더 뜨거운
청춘일 때가 최고의 시절이지만
일단 지나가 버리면 나쁜 세월과, 그 보다
더 나쁜 세월이 뒤 따른다오

그러니 수줍어말고 때를 잡아요.
할 수 있을 때 어서 결혼을 해요.
최고 순간은 한번 놓치면 그만,
그 후엔 영영 때가 늦을 테니까.

How Soon Hath Time

＊ John Milton

How soon hath Time, the subtle thief of youth,
Stol'n on his wing my three and twentieth year!
My hasting days fly on with full career,
But my late springs no bud or blossom shew'th.
Perhaps my semblance might deceive the truth,
That I to manhood am arrived so near,
And inward ripeness doth much less appear,
That some more timely-happy spirits endu'th.
Yet be it less or more, or soon or slow,
It shall be still in strictest measure even
To that same lot, however mean or high,
Toward which Time leads me, and the Will of Heaven,
All is, if I have grace to use it so,
As ever in my great Taskmaster's eye.

시간이 나의 스무 세 해를 훔쳐가

* 존 밀턴

은밀한 청춘의 도둑, 시간이 감쪽같이 날개 속에
내 스무 세 해를 훔쳐 달아나버렸구나
분주한 날들이 전력을 다 해 날아갔건만
내 늦은 봄엔 봉오리도 꽃도 보이지 않네.
행여 내 외양이 진실을 속여
실은 어른에 가까운 듯 보여도
나이 값하며 행복한 이들이 누리는
내면적 완숙도가 훨씬 덜 해 보이는 걸까.
허나, 덜하든 더하든, 빠르든 늦든
하늘의 뜻과 시간이 이끄는 대로 가다보면
똑같이 주어진 그 몫, 그것이 미천하든 고귀하든
엄격한 척도에 놓여져 있음은 마찬가지일 것이니.
결국 이를 은총으로 성심껏 사용한다면
소명을 부여하는 그분이 보시기엔 같은 것이리라.

To His Coy Mistress

* Andrew Marvell

Had we but World enough, and Time,
This coyness, Lady, were no crime.
We would sit down, and think which way
To walk, and pass our long Love's Day.
Thou by the Indian Ganges[2] side
Should'st Rubies find: I by the Tide
Of Humber[3] would complain. I would
Love you ten years before the Flood[4] :
And you should if you please refuse
Till the Conversion of the Jews[5]
My vegetable Love should grow
Vaster then Empires, and more slow.
An hundred years should go to praise
Thine Eyes, and on thy Forehead Gaze.
Two hundred to adore each Breast.
But thirty thousand to the rest.
An Age at least to every part,
And the last Age should show your Heart.
For Lady you deserve this State;

---

2) 갠지스 강 : 인도에 있는 강 이름.
3) 험버 강 : 영국 잉글랜드 중부에서 북해로 흘러가는 강.
4) 노아의 홍수를 가리킴.
5) 유대인이 개종하기란 거의 불가능한 일이므로, 무한한 시간대를 빗대어 말한 것.

Nor would I love at lower rate.

But at my back I alwaies hear
Times winged Charriot hurrying near:
And yonder all before us lye
Desarts of vast Eternity.
Thy Beauty shall no more be found;
Nor, in thy marble Vault, shall sound
My ecchoing Song: then Worms shall try
That long preserv'd Virginity:
And your quaint Honour turn to durst;
And into ashes all my Lust.
The Grave's a fine and private place,
But none I think do there embrace.

Now therefore, while the youthful hue
Sits on thy skin like morning dew,
And while thy willing Soul transpires
At every pore with instant Fires,
Now let us sport us while we may;
And now, like am'rous birds of prey,
Rather at once our Time devour,
Than languish in his slow-chapt pow'r.
Let us roll all our Strength, and all
Our sweetness, up into one Ball:
And tear our Pleasures with rough strife,
Thorough the Iron gates of Life.
Thus, though we cannot make our Sun
Stand still, yet we will make him run.

수줍어하는 여인에게

＊ 앤드류 마블

우리에게 세상과 시간이 충분히 주어졌다면,
여인이여, 이 수줍음은 죄가 아닐 터이다.
우리 앉아서, 어디로 산책할까 생각하며
긴 사랑의 날을 보낼 수 있었을 터이다.
그대는 겐지즈강변에서
루비를 캐고 나는 험버강 파도 옆에서
불평이나 하고.
노아의 홍수 10년 전부터 난 당신을 사랑하고,
그대는 기분 내키면 유대인들이 개종하는 날까지
내 사랑을 거부하고.
내 식물성 사랑은 제국보다
더 크게 꾸역꾸역 자라고.
그대 눈매에 감탄하는데, 그리고
그대 이마 바라보는데 한 백년 보내고,
그대 가슴 하나마다 흠모하는데 한 이백년,
그 나머지에는 한 삼만 년.
모든 부분마다 최소한 한세대씩 보내고,
그리고 최후 세대에서야 그대 마음 열어준들 어떠리오.
여인이여, 당신은 이런 대접을 받아 마땅하니,
그보다 낮은 대가로는 내가 사랑하지 않으리다.
그러나 내 등 뒤에서는 언제나

시간이 날개달린 수레로 쫓아오는 소리가 들린다.
저기 우리 앞에 놓인 것은
광활한 영겁의 사막.
그대 아름다움은 더 이상 보이지 않고
대리석으로 만든 그대 유골함 속에는
내 메아리치는 노랫소리가 들리지 않으며,
벌레들이 오래 지켜 온 그 순결을 갉아먹으니,
그대 잘난 정절은 먼지가 되고
내 모든 육욕은 재가 되고 만다오.
무덤도 쓸 만하고 은밀한 곳이지만,
그곳에서 포옹하는 이는 내 생각에 없다오.

자, 그러니 청춘의 빛이 아침 이슬처럼
그대 살갗에 맺혀 있을 때,
그대 대담한 영혼이
모든 숨구멍마다 순식간에 타오르는 불길을 뿜어내는 동안,
할 수 있을 때 우리 서로 즐깁시다.
그리고 사랑에 빠진 먹잇감 새처럼
차라리 우리 시간을 냉큼 삼켜버립시다,
시들시들하며 시간에 서서히 씹어 삼켜지기 보다는.
우리가 가진 모든 힘과 모든 아름다움을
하나의 공으로 굴러 말은 뒤,
억척같은 몸부림으로 우리의 쾌락이
삶의 쇠문을 뚫고 나가게 합시다.
그리하여, 비록 우리의 태양을 멈출 수는 없더라도,
우린 태양이 굴러가게 할 수 있을 거라오.

Ode on Solitude

* Alexander Pope

Happy the man, whose wish and care
A few paternal acres bound,
Content to breathe his native air
In his own ground.

Whose herds with milk, whose fields with bread,
Whose flocks supply him with attire;
Whose trees in summer yield him shade,
In winter, fire.

Blest, who can unconcernedly find
Hours, days, and years slide soft away
In health of body, peace of mind;
Quiet by day,

Sound sleep by night; study and ease
Together mixed, sweet recreation,
And innocence, which most does please
With meditation.

Thus let me live, unseen, unknown:
Thus unlamented let me die,
Steal from the world, and not a stone
Tell where I lie.

고독에게 부치는 노래

* 알렉산더 포프

물려받은 몇 마지기 땅 외엔
더 바랄 것도 더 원할 것이 없고,
제 땅에 서서 고향 공기를 들이마시며 흡족한 자는
행복한 사람.

소 길러 우유 짜고, 밭 갈아 빵을 얻고
양떼 길러 옷 만들고,
나무에서 여름철엔 그늘을
겨울철엔 땔감을 얻네.

날마다 조용히 근심걱정 모르고
매순간, 매일, 매년을 스쳐 보내는
건강한 육신, 평온한 마음을 가진 자는
복 받은 사람.

밤에는 편히 자고, 배우다 때로 쉬니,
더불어, 상쾌한 여유로움,
그 순박함은 고요한 명상과 더불어
더욱 흐뭇해지네.

나 또한 이처럼 흔적 없이 이름 없이 살다
미련 남기지 않고 죽어
세상에서 사라지고 싶구나,
내 누운 곳 말해줄 비석조차 하나 없이.

London

※ William Blake

I wander through each chartered[6] street,
Near where the chartered Thames does flow,
And mark in every face I meet,
Marks of weakness, marks of woe.

In every cry of every man,
In every infant's cry of fear,
In every voice, in every ban,
The mind-forged manacles I hear:

How the chimney-sweeper's cry
Every blackening church appalls,
And the hapless soldier's sigh
Runs in blood down palace-walls.

But most, through midnight streets I hear
How the youthful harlot's curse
Blasts the new-born infant's tear,
And blights with plagues the marriage-hearse.

---

6) chartered는 왕 이나 국가의 특허 또는 인허로 규제에 묶인 것을 뜻함.

런던

* 윌리엄 블레이크

관제화된 템스 강을 옆에 끼고
관제화된 거리를 하나하나 거닐다
마주친 얼굴마다 나는 보았네,
나약함의 흔적, 비탄의 흔적들.

모든 사람들의 모든 울부짖음,
겁에 질려 우는 어린아이들의 울음,
모든 목소리, 모든 금지된 것들 그 속에서
나는 마음이 빚어낸 쇠사슬 소릴 듣네.

굴뚝청소부의울음소리는
시커멓게 변해가는 교회를 창백케하고,
불운한 병사가 내 쉰 한숨은
궁정 담벼락 아래 피에 섞여 흐르네.

하지만 무엇보다 자정 의 거리에서 내가 듣는건
앳된 매춘부의 저주스런 욕지거리가
갓 태어난 아기의 눈물을 말리고
결혼식 수레를 역병으로 시들게 하는 소리.

The Chimney Sweeper

William Blake

When my mother died I was very young,
And my father sold me while yet my tongue
Could scarcely cry " 'weep!' 'weep!' 'weep!' 'weep!' "
So your chimneys I sweep, and in soot I sleep.

There's little Tom Dacre, who cried when his head,
That curled like a lamb's back, was shaved, so I said
"Hush, Tom! never mind it, for when your head's bare
You know that the soot cannot spoil your white hair."

And so he was quiet, and that very night
As Tom was a-sleeping, he had such a sight!
That thousands of sweepers, Dick, Joe, Ned, and Jack,
Were all of them locked up in coffins of black.
And by came an Angel who had a bright key,
And he opened the coffins and set them all free;
Then down a green plain leaping, laughing, they run,
And wash in a river, and shine in the sun.

Then naked and white, all their bags left behind,

They rise upon clouds and sport in the wind;
And the Angel told Tom, if he'd be a good boy,
He'd have God for his father, and never want joy.

And so Tom awoke, and we rose in the dark,
And got with our bags and our brushes to work.
Though the morning was cold, Tom was happy and warm;
So if all do their duty they need not fear harm.

굴뚝 청소부

* 윌리엄 블레이크

어머니가 돌아가셨을 때 나는 아주 어려서,
내 혀가 "엉!엉!엉!"하고 우는 소리조차 내지 못할 때
아버지는 나를 팔았다.
난 굴뚝을 청소하고 숯 검댕이 속에서 잠을 잔다.

톰 데이커는 양꼬리같은 곱슬머리가
박박 밀리자 울었다, 그래서 내가 말해주길,
"쉿, 톰. 잊어버려. 머리를 박박 밀면
네 하얀 머리칼이 검댕이로 더렵혀질 일이 없어."

톰은 울음을 그쳤다. 바로 그날 밤
톰이 잠들었을 때, 톰은 굉장한 것을 보았다!
딕, 조, 네드, 잭, 그리고 수많은 굴뚝청소부들이
검은 관속에 모두 갇혀있는 것이었다.

그러자 빛나는 열쇠를 가진 천사가 나타나,
관을 열어 이들을 자유롭게 풀어주니,
이들은 푸른 초원으로 껑충거리며 웃으며 달려가
강물에 몸을 씻고 햇살에 반짝거렸다.

발가벗은 하얀 모습으로, 청소가방은 내팽개친 채
이들은 구름위에 서서 바람을 타고 놀았다.
천사가 톰에게 말하길 "착하게 살면,
하나님이 너의 아버지가 되어 기쁨이 마르지 않으리라."

그때 톰이 깨어나고 우리도 어둠속에서 몸을 일으켜
청소가방과 빗자루를 챙겨 일터로 갔다.
아침은 쌀쌀했으나 톰은 행복하고 마음이 따스했다,
누구나 제할 일을 다 하면 고난당할 염려가 없으니.

I Wandered Lonely As a Cloud

※ William Wordsworth

I wandered lonely as a cloud
That floats on high o'er vales and hills,
When all at once I saw a crowd,
A host, of golden daffodils;
Beside the lake, beneath the trees,
Fluttering and dancing in the breeze.

Continuous as the stars that shine
And twinkle on the Milky Way,
They stretched in never-ending line
Along the margin of a bay:
Ten thousand saw I at a glance,
Tossing their heads in sprightly dance.

The waves beside them danced; but they
Outdid the sparkling waves in glee;
A poet could not but be gay,
In such a jocund company;
I gazed -- and gazed -- but little thought
What wealth the show to me had brought:

For oft, when on my couch I lie
In vacant or in pensive mood,
They flash upon that inward eye
Which is the bliss of solitude;
And then my heart with pleasure fills,
And dances with the daffodils.

나는 구름처럼 외로이 떠돌았네

* 윌리엄 워즈워드

나는 외로이 떠돌았네
골짜기와 언덕 높이 떠도는 구름처럼,
그러다 문득 보았네,
한무리 황금빛 수선화가
연못가에서 나무 아래서
너울너울 바람에 춤을 추고 있는 것을.

은하수에서 영롱하게 빛나는
별들처럼 무수히
물가를 따라 한없이 늘어서 있었네.
나는 한눈에 보았네
수 만송이 꽃들이 쾌활하게
춤추며 머리를 흔들고 있는 것을

물결도 춤추었으나, 꽃들은
반짝이는 물결보다 더 기쁨에 들떠 있었네.
시인은 즐거워 질 수밖에 없었네,
그 처럼 흥겨운 무리 속에서
나는 보았네--- 그리고 보았네 --하지만

그 광경이 내게 가져다 준 풍요로움은
조금도 생각치 못했네

종종, 소파에 기대어
생각에 잠기거나 공허해 질 때,
내면의 눈에 그 모습이 환하게 떠오르니
그것은 고독이 내린 축복
그럴 때 내 가슴은 기쁨에 넘쳐
수선화와 더불어 춤을 춘다네.

The World Is Too Much With Us

＊ William Wordsworth

The world is too much with us; late and soon,
Getting and spending, we lay waste our powers;
Little we see in Nature that is ours;
We have given our hearts away, a sordid boon!
The Sea that bares her bosom to the moon,
The winds that will be howling at all hours,
And are up-gathered now like sleeping flowers,
For this, for everything, we are out of tune;
It moves us not.--Great God! I'd rather be
A Pagan suckled in a creed outworn;
So might I, standing on this pleasant lea,
Have glimpses that would make me less forlorn;
Have sight of Proteus[7] rising from the sea;
Or hear old Triton[8] blow his wreathed horn.

7) 프로테우스. 그리스 신화에 나오는 고대 바다의 신으로, 호머는 이 신을 '바다의 노인(old man of the sea)' 이라고 불렀다.

8) 트리튼 : 상반신은 인간, 하반신은 물고기형태를 한 바다의 신. 포세이돈의 아들인 트리튼이 가지고 다니는 소라 고동을 불면 격랑이 잠잠해 지는 것으로 전해진다.

우리는 세속에 너무 물들어

* 윌리엄 워즈워드

우린 세속에 너무 물들어, 밤낮으로
소유하고 소비하느라 탈진해 쓰러져,
우리에게 주어진 자연에서 보는 게 거의 없으니,
마음을 다 주어버린 대가치곤 더러운 보상이다!
바다는 맨가슴을 달 아래 드러내고
쉼 없이 울부짖던 바람은
잠든 꽃처럼 거두었건만
이것, 그리고 모든 것과 우린 불협화음이라
감동하지 못한다, 전능하신 신이시여!
차라리 낡은 교리에 빠진 이교도였다면
이 상쾌한 들판에 서서
쓸쓸함을 덜어 줄 광경을 보았으련만,
바다에서 솟아오르는 프로테우스를 보았으련만,
혹은 트리튼이 소라 고동 부는 소릴 들을 수 있었으련만.

On the Castle of Chillon [9)]

＊ George Gordon, Lord Byron

Eternal spirit of the chainless Mind!
Brightest in dungeons, Liberty, thou art,?
For there thy habitation is the heart-
The heart which love of Thee alone can bind;
And when thy sons to fetters are consign'd,
To fetters, and the damp vault's dayless gloom,
Their country conquers with their martyrdom,
And Freedom's fame finds wings on every wind.
Chillon! thy prison is a holy place
And thy sad floor an altar, for 'twas trod,
Until his very steps have left a trace
Worn as if thy cold pavement were a sod,
By Bonnivard[10)] ! May none those marks efface!
For they appeal from tyranny to God.

---

9) 시용성: 스위스 제네바호수 부근에 있는 성.

10) 보니바르: 제네바의 종교지도자로, 제네바의 독립과 종교개역을 위해 투쟁하다 시용성 지하 감옥에 감금됐다.

시용성에 부치는 노래

＊ 조지 고든 바이런

속박되지 않은 마음의 영원한 혼!
자유여, 너는 지하의 감옥에서 가장 찬연하도다.
네가 거하는 곳은 가슴이기 때문이다.
그 가슴은 너에 대한 사랑만이 묶을 수 있는 것
너의 자손들에 족쇄가 채워져
족쇄에 묶인 채 눅눅한 지하 햇빛 없는 어둠에 갇힐 때,
그들의 조국은 그들의 순교로 승리하며,
자유의 이름은 사해로 퍼져가도다.
시용성이여, 그대 감옥은 거룩한 곳,
그대 슬픈 바닥은 성스러운 제단이니,
보니바르가 한 때 그 차디찬 바닥을 잔디밭인양 밟아,
그의 발자국이 흔적으로 남은 때문이라.
그 어느 자국도 지워지지 말기를!
그것은 폭군에 항거해 신에 호소하는 것이므로.

When We Two Parted

※ George Gordon, Lord Byron

1

When we two parted
In silence and tears,
Half broken-hearted
To sever for years,
Pale grew thy cheek and cold,
 Colder thy kiss;
Truly that hour foretold
Sorrow to this.

2

The dew of the morning
Sunk chill on my brow --
It felt like the warning
Of what I feel now.
Thy vows are all broken,
And light is thy fame:
I hear thy name spoken,
And share in its shame.

3

They name thee before me,
A knell to mine ear;
A shudder comes o'er me --
Why wert thou so dear?
They know not I knew thee,
Who knew thee too well:
Long, long shall I rue thee,
Too deeply to tell.

4

In secret we met --
In silence I grieve,
That thy heart could forget,
Thy spirit deceive.
If I should meet thee
After long years,
How should I greet thee?
With silence and tears.

우리 둘이 헤어질 때

＊ 조지 고든 바이런

1

말없이 눈물 속에서
우리 둘이 헤어 질 때
수년간 떨어져 있어야 했기에
가슴 찢어졌었지,
그대 뺨 창백하게 식어갔고
그대의 입맞춤 더욱 차가웠지
이 슬픔은 그 때 예고
된 것이었소.

2

아침이슬이
이마를 서늘하게 적셔
마치 지금 내 심정을
경고해 주는 듯 했다오.
그대 언약 깨지고
그대 명성 가벼워졌으니
누군가 그대 이름을 말하면
나 또한 부끄러워진다오.

3

남들이 내 앞에서 그대 이름 말하면
내 귀엔 조종소리가 울리고,
온몸에 진저리가 쳐지니,
그대는 왜 그토록 소중했더란 말인가.
남들은 내가 그대를 아는 걸 모르나
나는 그대를 너무나 잘 알고 있으니
오래, 오랫동안 그대를 비탄해 할 것이오,
말할 수 없이 깊게.

4

남 몰래 우리 만났을 때
그대 마음 망각할 수 있고
그대 혼이 속일수도 있음에
말없이 나는 슬퍼했다오.
먼 훗날,
내 그대를 다시 만난다면
나는 그대를 맞이하리다,
말없이 눈물로만.

So We'll Go No More a-Roving

※ George Gordon, Lord Byron

So we'll go no more a-roving
So late into the night,
Though the heart still be as loving,
And the moon still be as bright.

For the sword outwears its sheath,
And the soul outwears the breast,
And the heart must pause to breathe,
And love itself have rest.

Though the night was made for loving,
And the day returns too soon,
Yet we'll go no more a-roving
By the light of the moon.

우리 이제 더 이상 헤매지 말자

* 조지 고든 바이런

더 이상 헤매지 말자
밤이 깊도록
가슴에 아직 사랑이 있고
달이 아직 밝다 해도.

칼을 쓰다보면 칼집이 헤지듯
마음도 가슴을 헤지게 하고,
심장도 잠시 숨을 돌려야 하듯,
사랑도 때로 쉬어야하는 것이니.

밤이 사랑을 위해 있고
날은 너무 일찍 찾아온다 해도
더 이상 헤매지 말자,
달빛과 더불어.

Ode to the West Wind

※ Percy Bysshe Shelley

1

O wild West Wind, thou breath of Autumn's being,
Thou, from whose unseen presence the leaves dead
Are driven, like ghosts from an enchanter fleeing,

Yellow, and black, and pale, and hectic red,
Pestilence stricken multitudes: O thou,
Who chariotest to their dark wintry bed

The winged seeds, where they lie cold and low,
Each like a corpse within its grave, until
Thine azure sister of the Spring shall blow

Her clarion o'er the dreaming earth, and fill
(Driving sweet buds like flocks to feed in air)
With living hues and odors plain and hill:

Wild Spirit, which art moving everywhere;
Destroyer and preserver; hear, oh, hear!

2

Thou on whose stream, mid the steep sky's commotion,

Loose clouds like earth's decaying leaves are shed,
Shook from the tangled bough of Heaven and Ocean,

Angels of rain and lightning: there are spread
On the blue surface of thine aery surge,
Like the bright hair uplifted from the head

Of some fierce Maenad[11], even from the dim verge
Of the horizon to the zenith's height,
The locks[12] of the approaching storm. Thou dirge

Of the dying year, to which this closing night
Will be the dome of a vast sepulcher,
vaulted with all thy congregated might

Of vapours, from whose solid atmosphere
Black rain, and fire, and hail will burst: oh, hear!

3

Thou who didst waken from his summer dreams
The blue Mediterranean, where he lay,
Lulled by the coil of his crystalline streams,

Beside a pumice isle in Baiae's[13] bay,

---

11) 마에나드 : 그리스 신화에 나오는 디오니소스 신의 추종자로, 흔히 방탕한 환희의 극치로 상징된다.

12) 머리칼을 묶은 타래.

13) 바이아에 : 이탈리아 나폴리의 서쪽에 있는 바닷가

And saw in sleep old palaces and towers
Quivering within the wave's intenser day,

All overgrown with azure moss and flowers
So sweet, the sense faints picturing them! Thou
For whose path the Atlantic's level powers

Cleave themselves into chasms, while far below
The sea-blooms and the oozy woods which wear
The sapless foliage of the ocean , know

Thy voice, and suddenly grow gray with fear,
And tremble and despoil themselves: oh, hear!

4

If I were a dead leaf thou mightest bear;
If I were a swift cloud to fly with thee;
A wave to pant beneath thy power, and share

The impulse of thy strength, only less free
Than thou, O uncontrollable! If even
I were as in my boyhood and could be

The comrade of thy wanderings over Heaven,
As then When to outstrip thy skyey speed
Scarce seemed a vision I would ne'er have striven

As thus with thee in prayer in my sore need.

Oh, lift me as a wave, a leaf, a cloud:
I fall upon the thorns of life! I breed!

A heavy weight of hours has chained and bowed
One too like thee: tameless, and swift, and proud.

5

Make me thy lyre, even as the forest is:
What if my leaves are falling like its own!
The tumult of thy mighty harmonies

Will take from both a deep, autumnal tone,
Sweet though in sadness. Be thou, Spirit fierce,
My spirit! Be thou me , impetuous one!

Drive my dead thoughts over the universe
Like withered leaves to quicken a new birth!
And, by the incantation of this verse,

Scatter, as from an unextinguished hearth
Ashes and sparks, my words among mankind!
Be through my lips to unawakened Earth

The trumpet of a prophecy! O Wind,
If Winter comes, can Spring be far behind?

서풍에게

＊ 퍼시 셸리

1

거친 서풍이여, 가을의 숨결이여,
보이지 않은 너로부터 죽은 나뭇잎들이
마법사에게서 달아나는 유령처럼 휘몰리누나.

노랗게 검게, 창백하게, 앓는 듯 붉게,
역병 걸린 무리들 : 네가
어두운 겨울의 침상으로 실어 날랐던

날개달린 씨앗들은 차고 낮은 곳에서
무덤 속 시신처럼 누워 있다가 어느덧
너의 푸릇한 누이, 봄바람이

몽환의 대지 위로 나팔을 불며
(어여쁜 꽃봉오리들을 양떼 몰듯 허공으로 몰아)
들녘마다 언덕마다 싱싱한 색채와 향기로 채우니:

거친정신이여, 온 사방을 휘젓는
파괴자여 보존자여 ; 들어다오, 오 들어다오!

2

너의 흐름으로 인해 까마득히 높은 하늘에 동요가 일어
한가로이 떠돌던 구름은 대지의 고엽처럼
하늘과 바다를 얼키설키 이은 줄기에서 후드득 떨어져 내리니,

비와 번개의 전령 출렁대는
푸른 바다 해면위에는
광란하는 마에나드의 머리위로 휘날려 오르는

눈부신 머리칼처럼 아련한
지평선 끝자락에서 하늘 꼭대기까지
임박한 폭풍 다발들이 주르륵 깔린다. 너는

저무는 한해의 장송곡, 그 곡조에 맞춰 깊어가는
이 밤은 거대한 지하 봉분이 되고,
뭉쳐진 거센 수증기들을 그곳에 가두어두었다가,

그 짙은 대기에서
검은 비, 불꽃, 그리고 우박들이 쏟아져 내린다, 아, 들으라.

3

수정 같은 바닷물 파도소리에 잠들어
푸른 지중해에 누웠다가
여름 꿈에서 깨어난 너는

그 바이아에의 연안 경석섬 옆에서
옛 궁전과 성탑들이
물결이 보다 거친 날 떨고 있는 걸 꿈속에서 보았지,

무성하게 자란 그 푸른 이끼와 화초들이 너무 아름다워,
상상만 해도 감각이 마비되는 듯 하도다!
너의 갈길을 위해 대서양의 잔잔한 세력들은

스스로 쪼개져 협곡이 되고, 저 깊은 해저
바다의 꽃과, 수액 없는 바다 단풍이 든
질편한 수풀은

너의 목소리를 알아듣고, 후다닥 회색빛이 되어 떨다
제풀에 나가떨어지니: 아, 들어다오!

4

내가 만약 너에게 실려 가는 고엽이라면
내가 만약 너와 더불어 떠도는 구름이라면
너의 힘에 짓눌려 할딱거리는 파도여서

너와 같은 힘의 충동을 지녔으되, 너보다 덜 자유로울 뿐이라면,
오, 무적의 힘이었다면!
내가 어릴 때 그랬듯,

하늘 위에 함께 떠다니는 너의 동지가 될 수만 있었어도
그 때 네가 하늘의 속도를 추월하는 것이
헛된 망상이 아니었을 것이고,

나의 절실한 기도 속에서 너와 겨루지 않았으리라.
아, 파도처럼, 잎사귀처럼, 구름처럼 나를 들어올려다오,
나는 삶의 가시에 처박혀, 피 흘리고 있노라!

육중한 시간은 너무나 너와 닮은,
거칠고, 날쌔고, 도도하던 이를 결박해 굴복시켜 놓았노라.

5

나를 너의 비파로 삼아다오, 저 수풀처럼.
내 잎들이 수풀의 잎사귀들처럼 떨어진들 어떠리!
너의 놀라운 조화의 격동은

슬프되 아름다운
만추의 곡조를 끌어낼 테니. 용맹한 정령이여,
나의 혼이 되어다오! 내가 되어다오, 장렬한 자여!

내 죽은 생각들은 고엽처럼 우주 밖으로 내 몰고,
대신 새 탄생을 재촉해다오!
그리고 이 노래를 주문 삼아

꺼지지 않는 화로에서 나온 재와 불꽃처럼
나의 말들을 인류에 퍼뜨려다오!
내 입술을 통해 깨어있지 않은 지구에

예언의 나팔을 불어다오! 오 바람이여,
겨울이 오면, 봄이 어찌 멀었으랴?

Bright Star! Would I were Steadfast as Thou Art

＊ John Keats

BRIGHT star! would I were steadfast as thou art -
Not in lone splendour hung aloft the night,
And watching, with eternal lids apart,
Like Nature's patient sleepless Eremite,

The moving waters at their priestlike task
Of pure ablution round earth's human shores,
Or gazing on the new soft fallen mask
Of snow upon the mountains and the moors -

No - yet still steadfast, still unchangeable,
Pillow'd upon my fair love's ripening breast,
To feel for ever its soft fall and swell,
Awake for ever in a sweet unrest,

Still, still to hear her tender-taken breath,
And so live ever - or else swoon to death.

빛나는 별이여

＊존 키츠

빛나는 별이여, 내가 너처럼 한결같길 바래보는 것은 -
밤하늘에 독야청청하며
인내심 많은 자연의 은둔자처럼 잠을 잊고 영원히 두 눈 뜬 채
출렁이는 물이 인간 세상의 기슭을

사제 같은 정성으로 정결하게 씻어주는걸
지켜보고자 함이 아니다.
넓은 들녘과 산줄기에 포근하게
첫눈이 덮히는 걸 지켜보고자 함도 아니다.

아니다, 다만 그처럼 한결같이 변함없이,
내 아름다운 님의 무르익는 가슴을 배게 삼아
부드러운 그 오르내림을 영원히 느끼며
달콤한 설렘으로 언제나 잠이 깨고,

영원히, 영원히 님의 고운 숨결 소릴 듣고자 함이니,
그렇지 못할 바엔 쓰러져 죽으리라.

Ode On a Grecian Urn

＊ John Keats

1

Thou still unravished bride of quietness,
Thou foster child of silence and slow time,
Sylvan[14)] . historian, who canst thus express
A flowery tale more sweetly than our rhyme:
What leaf-fringed legend haunts about thy shape
Of deities or mortals, or of both,
In Tempe[15)] or the dales of Arcady[16)]?
What men or gods are these? What maidens loath?
What mad pursuit? What struggle to escape?
What pipes and timbrels? What wild ecstasy?

2

Heard melodies are sweet, but those unheard
Are sweeter; therefore, ye soft pipes, play on;
Not to the sensual ear, but, more endeared.

---

14) 실반 : 수풀과 관련된 것을 뜻하는 단어지만, 신화에서는 숲의 정령을 가리킴
15) 템페 : 그리스의 올림포스 산과 타살리아 계곡 사이에 위치한 곳으로, 그리스 시인들에 의하면 아폴로신과 뮤즈 신들이 즐겨 노니는 곳.
16) 아르카디아. 그리스 펠로폰네소스 반도 내륙에 위치한 이상향으로, 목동자리의 주인공인 사냥꾼으로 신화에 나오는 아르카스의 이름에서 따 온 지명.

Pipe to the spirit ditties of no tone:
Fair youth, beneath the trees, thou canst not leave
Thy song, nor ever can those trees be bare
Bold Lover, never, never canst thou kiss,
Though winning near the goal--yet, do not grieve;
She cannot fade, though thou hast not thy bliss,
Forever wilt thou love, and she be fair!

3

Ah, happy, happy boughs! that cannot shed
Your leaves, nor ever bid the Spring adieu;
And, happy melodist, unwearie'd,
Forever piping songs forever new;
More happy love! more happy, happy love!
Forever warm and still to be enjoyed,
Forever panting, and forever young;
All breathing human passion far above,
That leaves a heart high-sorrowful and cloyed,
A burning forehead, and a parching tongue.

4

Who are these coming to the sacrifice?
To what green altar, O mysterious priest,
Lead'st thou that heifer lowing at the skies,
And all her silken flanks with garlands dressed?
What little town by river or sea shore,
Or mountain-built with peaceful citadel,

Is emptied of this folk, this pious morn?
And, little town, thy streets forevermore
Will silent be; and not a soul to tell
Why thou art desolate, can e'er return.

5

O Attic [17] shape! Fair attitude! with brede
of marble men and maidens overwrought,
With forest branches and the trodden weed;
Thou, silent form, dost tease us out of thought
As doth eternity: Cold Pastoral!
When old age shall this generation waste,
Thou shalt remain, in midst of other woe
Than ours, a friend to man, to whom thou say'st,
"Beauty is truth, truth beauty," --that is all
Ye know on earth, and all ye need to know.

---

17) 아티카: 고대 그리스의 중동부에 위치했던 지명으로 아테네가 그 중심도시였다.

그리스 항아리에게 바치는 노래

* 존 키츠

1

그대 영영 순결 잃지 않은 고요한 신부여,
그대 침묵과 느린 시간의 양자여,
삼림의 역사가여, 우리의 시보다 더 감미롭게
꽃다운 이야기를 이처럼 표현해 낼 수 있는 자여.
너의 형체 주변에는 어떤 잎사귀 달린 전설이 붙어 다니는가,
신의 전설인가 인간의 전설인가, 아니면 반신반인의 전설인가.
템페에서, 혹은 아르카디아에서 있었던 것인가?
이들은 어떤 인간, 어떤 신인가? 어떤 처녀들이 증오하는가?
무슨 미친 듯한 추적인가? 무슨 필사적인 도피인가?
피리와 북은 웬 것? 무슨 광적인 황홀함인가?

2

들리는 멜로디도 아름다우나, 들리지 않는 멜로디는
보다 더 아름답구나 그러니 은은한 피리여, 불어라
감각으로 듣는 귀가 아닌, 보다 아름다운 소리를 듣는 귀를 향해,
소리 없는 노래를 영들에게 불어라
나무 아래 아름다운 젊은이, 너는 너의 노래를
떠날 수 없고, 저 나무들은 잎이 질 수 없으며,
대담한 연인들, 비록 목표에 거의 도달했을지라도,

결코, 결코, 입맞춤 할 수 없으니, 그래도 슬퍼 말라,
비록 기쁨을 얻지 못했어도, 여인은 시들지 않을 것이며,
영원히 그대는 사랑하고, 여인은 아름다울 것이니.

3

아, 잎이 지지 않는, 봄과 영원히 이별하지 않는,
저 행복한, 행복한 나뭇가지.
지침 없이, 영원히 새롭게 영원히 피리 부는,
아, 행복한 연주자,
보다 행복한 사랑! 보다 행복한, 행복한 사랑!
영원히 따스하고, 영원히 즐겁게,
영원히 가슴 벅차고, 영원히 젊게.
인간의 열정, 그 심장에 지극한 아픔과 비애만 남기고
이마가 화끈거리고 혀가 타 들어가게 하는 것을
너흰 모두 저 높은 곳에서 호흡하고 있구나.

4

제물 쪽으로 가고 있는 저들은 누구인가?
어느 푸른 제단으로, 아, 신비로운 사제여,
그대는 비단결 허리에 온통 화환으로 장식하고,
하늘을 향해 우는 그 송아지를 데려가려 하는가?
강변이나 해변,
혹은 평화롭게 층계 진 산기슭 어느 작은 마을이
이 경건한 아침, 사람 없이 비어있는가?
그리고 작은 마을이여, 너의 거리는
영원히 고요할 것이며, 왜 텅 비어 있는지

돌아 와 말해 줄 사람이 한 사람도 없으리라.

5

오, 아티카에서 빚어진 너! 아름다운 자태여!
대리석 남자와 여자들이 수놓인,
숲의 나뭇가지와 짓밟힌 잡초들로 장식된,
너, 고요한 형체, 너는 영원함이 그러하듯, 우리의 생각을
조롱하고 있구나 냉정한 목가여!
세월이 흘러 이 세대가 끝나도
너는 우리와 다른 비애 가운데,
인간의 친구로 남아 우리에게 말하리라,
"아름다움은 진리요, 진리는 아름다움"이라고.
이것이 세상에서 네가 아는 전부요, 알아야 할 전부라고.

If Thou Must Love Me (Sonnet 14 from the Portuguese)

* Elizabeth Barrett Browning

If thou must love me, let it be for nought
Except for love's sake only. Do not say
I love her for her smile--her look--her way
Of speaking gently,--for a trick of thought
That falls in well with mine, and certes brought
A sense of ease on such a day--
For these things in themselves, Beloved, may
Be changed, or change for thee,--and love, so wrought,
May be unwrought so. Neither love me for
Thine own dear pity's wiping my cheek dry,--
A creature might forget to weep, who bore
Thy comfort long, and lose thy love thereby!
But love me for love's sake, that evermore
Thou may'st love on, through love's eternity.

사랑해야만 한다면(Sonnet 14)

*엘리자베스 바렛 브라우닝

나를 사랑해야 한다면, 그 무엇도 아닌
사랑만을 위해 사랑해 주오.
미소 짓는 그 모습, 혹은 속삭이듯 하는 말,
그 재치로운 생각이 나와 잘 맞아서,
그런 날은 하루가 평온하고 즐거우므로
사랑한다 하지 마오.
이런 것들은, 사랑하는 이여, 변하기도 하고
그대 생각 또한 바뀔 수 있으니, 그렇게 빚어진 사랑이라면
깨어질 수도 있으리다. 내 뺨의 눈물을 닦아주고픈
그대 깊은 연민의 정으로도 사랑하지 마오.
그대 안락함에 오래 머물다 울기를 잊어버리면,
그대 사랑 또한 잃어버리게 되오리다.
하지만 사랑만을 위해 사랑한다면
사랑의 영원함으로, 그대 영원히 사랑할 수 있으리다.

How Do I Love Thee? (Sonnet 43 from the Portuguese)

* Elizabeth Barrett Browning

How do I love thee? Let me count the ways.
I love thee to the depth and breadth and height
My soul can reach, when feeling out of sight
For the ends of Being and ideal Grace.
I love thee to the level of everyday's
Most quiet need, by sun and candle-light.
I love thee freely, as men strive for Right;
I love thee purely, as they turn from Praise.
I love thee with the passion put to use
In my old griefs, and with my childhood's faith.
I love thee with a love I seemed to lose
With my lost saints, - I love thee with the breath,
Smiles, tears; of all my life! - and, if God choose,
I shall but love thee better after death.

당신을 얼마나 사랑하느냐고요? (소네트 43)

* 엘리자벳 바렛 브라우닝

얼마나 당신을 사랑 하냐고요? 헤아려 보죠.
존재의 끝자락과 지고한 은총이 보이지 않을 때,
내 영혼이 닿을 수 있는 그 높이와
그 넓이와 그 깊이만큼 그대를 사랑해요.
태양 아래 촛불 아래 하루하루
지극히 소리 없는 필요에 따르듯 그대를 사랑해요.
의를 추구하는 이들처럼 자유롭게,
칭찬을 구하지 않는 이들처럼 순수하게
그대를 사랑해요. 내 오래 전 슬픔에 바쳤던 그 격정으로,
내 동심의 믿는 마음으로, 그대를 사랑해요.
성자를 잃으며 잃어버렸던
그 사랑으로, 내 삶의 모든 숨결,
미소, 눈물을 바쳐 그대를 사랑해요. 신이 허락한다면
죽음 후엔 그대를 더욱 더 사랑하겠어요.

The Oak

＊ Alfred Tennyson

Live thy life,
Young and old,
Like yon oak,
Bright in spring,
Living gold;

Summer-rich
Then; and then
Autumn-changed,
Soberer-hued
Gold again.

All his leaves
Fall'n at length,
Look, he stands,
Trunk and bough,
Naked strength.

떡갈나무

＊ 알프레드 테니슨

늙어서나 젊어서나
인생은
저 떡갈나무처럼 살자,
봄엔 찬란하게
살아있는 황금처럼.

여름엔 무성하게
그리고, 그 후
가을이 오면 색이 바뀌어
다시 은은한
황금빛으로.

모든 잎사귀
마침내 다 떨 군 뒤
보라, 우뚝 서있도다
둥치와 우듬지,
적나라한 힘이로다

The Sailor Boy

✻ Alfred Tennyson

He rose at dawn and, fired with hope,
Shot o'er the seething harbor-bar,
And reach'd the ship and caught the rope,
And whistled to the morning star.

And while he whistled long and loud
He heard a fierce mermaiden cry,
'O boy, tho' thou art young and proud,
I see the place where thou wilt lie.'

'The sands and yeasty surges mix
In caves about the dreary bay,
And on thy ribs the limpet sticks,
And in thy heart the scrawl shall play.'

'Fool,' he answer'd, 'death is sure
To those that stay and those that roam,
But I will nevermore endure
To sit with empty hands at home.'

'My mother clings about my neck,
My sisters crying "stay for shame;"
My father raves of death and wreck,
They are all to blame, they are all to blame.'

'God help me! save I take my part
Of danger in the roaring sea,
A devil rises in my heart,
Far worse than any death to me.'

항해하는 젊은이

* 알프레드 테니슨

그는 새벽에 일어나 불타는 희망을 안고
요동치는 항만으로 손살같이 달려가
배에 도착해 로프를 잡고
새벽별을 보며 휘파람을 불었다.

길고 우렁차게 휘파람을 불다가 그는
사나운 인어가 외치는 소리를 들었다,
"오, 젊은이여, 비록 그대가 젊고 당당하나
난 네가 눕게 될 자리를 알고 있네.

"그곳은 모래와 물거품이 넘실대며 섞이는
황량한 바닷가 동굴 속,
그대 갈비뼈에는 갯조개가 달라붙고
너의 심장에 기어들어가 놀리라"

"어리석은 소리," 청년이 대답하길, "죽음이란,
머물러 있는 자와 방황하는 자들의 것,
허나 난 이제 더
빈손으로 집에 들어 앉아 참고 견디지 않으리라."

"어머니는 내 목에 매달리고
누이가 "굴욕스레 머무르라" 소리치며
아버지는 죽음과 난파를 미친 듯 한탄하니,
모두 잘못 된 거야, 모두 잘못된 거야.

'신이여 도와주소서! 내가 택한
포효하는 바다의 위험 말고도
내 속에 악령 하나 발동 하나이다,
나에게는 그 어떤 죽음보다 더 두려운.'

Love in a Life

＊ Robert Browning

Room after room,
I hunt the house through
We inhabit together.
Heart, fear nothing, for, heart, thou shalt find her--
Next time, herself!--not the trouble behind her
Left in the curtain, the couch's perfume!
As she brushed it, the cornice-wreath blossomed anew:
Yon looking-glass gleaned at the wave of her feather.

Yet the day wears,
And door succeeds door;
I try the fresh fortune--
Range the wide house from the wing to the centre.
Still the same chance! She goes out as I enter.
Spend my whole day in the quest--who cares?
But 'tis twilight, you see--with such suites to explore,
Such closets to search, such alcoves to importune!

생활 속의 사랑

＊ 로버트 브라우닝

이 방에서 저 방으로
집안을 샅샅이 뒤진다
우리는 함께 살고 있다
마음아, 아무것도 두려워마라, 너는 그녀를 찾을 것이므로.
 다음엔 그녀 자신을! 커튼에 남겨진
그녀의 지나간 흔적이나, 소파의 향기가 아닌!
그녀가 쓰다듬으면, 창문 돌출부 화환이 새롭게 피어나고
저기 거울은 그녀의 깃털이 흔들림을 비춘다.

하지만 날은 저무는데
문을 열면 또 다른 문이 이어진다.
나는 새로운 운수를 시도해
넓은 집을 가장자리에서 중심 쪽으로 수색해 들어가 본다.
그러나 결과는 마찬가지! 내가 들어가면 그녀가 나간다.
하루를 이렇게 쫓는데 다 바쳤으나, 무슨 상관이랴.
하지만 저녁이 되었는데, 아직 이 많은 조사해야 할 방들,
뒤져보아야 할 벽장들, 거추장스런 골방들!

Life in a Love

＊ Robert Browning

Escape me?
Never-
Beloved!
While I am I, and you are you,
So long as the world contains us both,
Me the loving and you the loth,
While the one eludes, must the other pursue.
My life is a fault at last, I fear:
It seems too much like a fate, indeed!
Though I do my best I shall scarce succeed.
But what if I fail of my purpose here?
It is but to keep the nerves at strain,
To dry one's eyes and laugh at a fall,
And baffled, get up to begin again,
So the chase takes up one's life, that's all.
While, look but once from your farthest bound,
At me so deep in the dust and dark,
No sooner the old hope drops to ground
Than a new one, straight to the selfsame mark,
I shape me--
Ever
Removed!

한평생 사랑

* 로버트 브라우닝

도망가겠다고?
절대로 않되-
사랑하는 이여,
내가 나이고 네가 너인 한,
나는 사랑하는 사람, 너는 미워하는 사람으로
이 세상에 살아있는 한,
한사람이 도망가면 다른 사람은 좇아다녀야만 하니.
내 인생은 결국 실패작이다.
그건 너무나 운명인 것으로 보인다!
아무리 노력해도 성공하긴 힘들 것이다.
그러나 이 경우, 목적을 이루지 못해 실패한들 어떠리?
긴장을 유지하며
눈물 짖지 않고 넘어져도 웃으며,
좌절을 딛고, 다시 일어나 시작할 수 있다면.
그러니 평생을 좇으며 보낸들, 그 뿐.
하지만, 가장 멀리 떨어진 곳에서라도
먼지와 어둠에 깊이 파묻힌 나를 한번만이라도 보렴.
낡은 희망이 땅에 떨어지기가 무섭게
또 하나의 새 희망, 똑같은 표적을 향하여 정확히
내가 나를 바로 잡는다 -
언제나
내몰린 채로.

Dover Beach

* Matthew Arnold

The sea is calm tonight,
The tide is full, the moon lies fair
Upon the straits; on the French coast the light
Gleams and is gone; the cliffs of England stand,
Glimmering and vast, out in the tranquil bay.

Come to the window, sweet is the night air!
Only, from the long line of spray
Where the sea meets the moon-blanched land,
Listen! you hear the grating roar
Of pebbles which the waves draw back, and fling,
At their return, up the high strand,
Begin, and cease, and then again begin,
With tremulous cadence slow, and bring
The eternal note of sadness in.

Sophocles[18] long ago
Heard it on the Agean, and it brought

---

18) 소포클레스: 고대 그리스 아테네의 비극작가로, 그리스 비극의 대가, 혹은 그리스 비극의 완성자로 불림.

Into his mind the turbid ebb and flow
Of human misery; we
Find also in the sound a thought,
Hearing it by this distant northern sea.

The Sea of Faith
Was once, too, at the full, and round earth's shore
Lay like the folds of a bright girdle furled.
But now I only hear
Its melancholy, long, withdrawing roar,
Retreating, to the breath
Of the night wind, down the vast edges drear
And naked shingles of the world.

Ah, love, let us be true
To one another! for the world, which seems
To lie before us like a land of dreams,
So various, so beautiful, so new,
Hath really neither joy, nor love, nor light,
Nor certitude, nor peace, nor help for pain;
And we are here as on a darkling plain
Swept with confused alarms of struggle and flight,
Where ignorant armies clash by night.

도버 비치

✻ 매튜 아놀드

오늘밤 바다는 고요하다.
조수가 가득차고, 달은 해협위에
아름답게 내려있다. 저 프랑스 해안에는
불빛이 반짝이다 사라지고, 영국 절벽들은
어렴풋이 광활하게, 고요한 해안 쪽에 솟아있다.

창가로 오라, 밤공기가 상쾌하다!
다만, 긴 물보라선,
바다가 달빛에 하얗게 물 든 대륙과 만나는
그 지점에서, 귀 기울여 들으라!
바닷물이 쓸어갔다가 되돌아 올 때
높이 튕겨 올린 자갈들의 구르는 소리.
느리게 떨리는 억양으로,
시작했다, 멈추고, 또 다시 시작하고, 그렇게 해서
실어다주는 영원한 슬픔의 곡조를.

먼 옛날 소포클레스는
에게 해에서 그것을 들었고, 그 소리는
그의 마음속에 인간 비극의
혼탁한 밀물과 썰물을 전했다. 우리는

멀리 떨어진 북해에서 그 소리를 들으며
그 소리 안에서 어떤 생각을 듣는다.

신념의 바다도
한때 만조가 되었을 때, 지구의 기슭에
접어 둔 찬란한 허리띠처럼 누워있었다.
그러나 이제 들리는 것은
우울하게 물러가는
긴 고함소리,
밤바람의 숨결에 몰려, 광막한 세상 끝,
황폐한 세상의 자갈밭으로 퇴각해 가는 소리.

아 사랑아 우리 서로에게
진실하자, 세상은 우리 앞에
마치 꿈나라인양,
변화롭고, 아름답고, 새롭게 보이지만,
실은 기쁨도, 사랑도, 광명도,
확신도, 평화도, 고통을 덜어 줄 도움도 없는 곳.
우리 서 있는 이 세상은
무지한 군사들이 밤이면 충돌해
싸우고 도망가는 혼란한 아우성에 휘말린 암흑의 광야 같은 곳.

A Birthday

＊ Christina Rossetti

My heart is like a singing bird
Whose nest is in a water'd shoot;
My heart is like an apple-tree
Whose boughs are bent with thickset fruit;
My heart is like a rainbow shell
That paddles in a halcyon sea;
My heart is gladder than all these,
Because my love is come to me.

Raise me a dais of silk and down;
Hang it with vair and purple dyes;
Carve it in doves and pomegranates,
And peacocks with a hundred eyes;
Work it in gold and silver grapes,
In leaves and silver fleurs-de-lys;
Because the birthday of my life
Is come, my love is come to me.

생일

＊ 크리스티나 로제티

내 마음 물오른 가지에 둥지를 틀고
노래하는 새,
내 마음 열매가 주렁주렁 달려
줄기가 휜 사과나무,
내 마음 잔잔한 바다에서 헤적이는
무지갯빛 조가비,
내 마음 이 모든 것보다 더 기쁘네.
내게 사랑이 찾아왔기에.

비단과 솜털로 짠 잔칫상을 올려줘요.
다람쥐 모피와 자줏빛 커튼을 거기에 드리워요.
거기에 비둘기와 석류,
눈이 백 개 달린 공작새를 수놓아줘요.
금빛 은빛 포도송이도 꾸며 넣고
잎사귀와 은빛 백합꽃도 넣어줘요.
내 인생의 생일을 맞았으니까요.
내 사랑이 내게 찾아왔으니까요.

Up-Hill

＊ Christina Rossetti

Does the road wind up-hill all the way?
  Yes, to the very end.
Will the day's journey take the whole long day?
  From morn to night, my friend.

But is there for the night a resting-place?
  A roof for when the slow dark hours begin.
May not the darkness hide it from my face?
  You cannot miss that inn.

Shall I meet other wayfarers at night?
  Those who have gone before.
Then must I knock, or call when just in sight?
  They will not keep you standing at that door.

Shall I find comfort, travel-sore and weak?
  Of labour you shall find the sum.
Will there be beds for me and all who seek?
  Yea, beds for all who come. -

언덕 길

* 크리스티나 로제티

이 길은 언덕길 내내 구비 졌나요?
그렇다오, 제일 마지막까지.
하루 여정은 하루 웬종일 걸리나요?
아침부터 밤까지, 친구여.

하지만 밤이 되면 쉴 곳이 있나요?
서서히 저물 시각이면, 집이 하나 나온다오.
어둠에 가려져 못 보지 않을까요?
그 주막은 모르고 지나칠 수 없다오.

밤에 다른 길손도 만날까요.
먼저 간 사람들을 볼 것이오.
그럼 노크를 해야 할까요, 보이면 즉시 불러야 할까요?
문에 세워두진 않을 것이오.

여행에 지치고 나약해 진 몸, 평안을 받게 될까요?
수고한 만큼 받을 것이오.
나와 찾아온 모든 이에게 누울 자리가 있을까요?
오는 자 모두에게 누울 자리가 있다오.

HAP

※ Thomas Hardy

If but some vengeful god would call to me
From up the sky, and laugh "thou suffering thing.
Know that thy sorrow is my ecstasy,
That thy love's loss is my hate's profiting!"

Then would I bear it, clench myself, and die,
Steeled by the sense of ire unmerited;
Half-eased in that a Powerfuller than I
Had willed and meted me the tears I shed.

But not so. How arrives it joy lies slain,
And why unblooms the best hope ever sown?
-Crass Casualty obstructs the sun and rain,
And dicing Time for gladness casts a moan...

These purblind Doomsters had as readily strown
Blisses about my pilgrimage as pain.

우연

* 토마스 하디

복수의 신이 나를 불러
하늘에서 껄껄대며 내게 "고통받는 자여,
그대의 서러움은 나의 환희요,
그대의 실연은 내 증오의 소득이라!" 한다면,

나는 그것을 참고, 이 악물고 죽으리라,
어찌할 도리 없는 분노에 담금질한 강철 같은 마음으로.
나보다 힘센 어떤 자가 작정을하고 나에게 눈물 쏟게 했다는
사실에 반쯤 편안해진 마음으로 .

하나 그렇지 않네. 기쁨은 살해되어 쓰러지고
큰 희망은 심어도 꽃이 피지 않으니, 이 무슨 조화인가?
무딘 우연이 태양과 비를 훼방 놓고, 즐거움을 바라며 시간의
주사위를 던지면, 신음이 패로 나오니…….

눈 어두운 운명의 주재자 들이 내 순례길 에
축복을 고통으로 흩뿌려 놓았네.

Pied Beauty

※ Gerard Manley Hopkins

GLORY be to God for dappled things-
For skies of couple-colour as a brinded cow;
For rose-moles all in stipple upon trout that swim;
Fresh-firecoal chestnut-falls; finches' wings;
Landscape plotted and pieced- fold, fallow, and plough;
And áll trádes, their gear and tackle and trim.
All things counter, original, spare, strange;
Whatever is fickle, freckled (who knows how?)
With swift, slow; sweet, sour; adazzle, dim;
He fathers-forth whose beauty is past change:
Praise him.

알록달록한 아름다움

＊ 저라드 맨리 홉킨스

아롱진 것들을 주신 하나님께 영광을 -
얼룩소 같은 두 색 깔의 하늘,
헤엄치는 송어에 점점 박힌 장미 반점,
갓 점화된 석탄 불빛으로 떨어지는 밤톨들, 되새의 날개
반듯하게 구획 정리된 풍경 - 목초지, 놀리는 땅, 경작중인 땅 -
그리고 모든 업종들, 그에 따른 장비, 기구, 내장품 들.
상반되거나, 원본이거나, 부차적인 것이나, 생소한 모든 것들
변하는 모든 것은 점들로 얼룩이 져있다. (누가 그 이유를 알 수 있으랴)
빠르고, 느리고 달콤하고, 시고, 눈부시고 희미한
이 모든 것들 창조하시는, 변하지 않기에 아름다운 주님
그분을 찬미하라.

When I Was One-and-Twenty

＊ A. E. Housman

When I was one-and-twenty
I heard a wise man say,
"Give crowns and pounds and guineas
But not your heart away;
Give pearls away and rubies
But keep your fancy free."
But I was one-and-twenty,
No use to talk to me.

When I was one-and-twenty
I heard him say again,
"The heart out of the bosom
Was never given in vain;
'Tis paid with sighs a plenty
And sold for endless rue."

And I am two-and-twenty,
And oh, 'tis true, 'tis true.

내 나이 스물 하나였을 때

* A. E. 하우스만

내 나이 스물 한 살 일 때
현자가 들려준 말은,
'은화와 지폐와 동전은 모두 주더라도
마음은 내주지 말라
진주와 루비는 주어버려도
너의 꿈은 자유로이 지키라.'
하지만 내 나이 스물하나 이었으니
말해도 소용이 없었네.

내 나이 스물하나일 때
또 다시 들려준 그의 말은,
'심장에서 꺼 내 주는 마음은
괜히 준 것이 아니니,
많은 한숨을 치루고
무한한 회환을 대가로 받는 것.'

내 나이 스물하고 둘이 된 지금,
아, 맞는 말이다, 맞는 말이야.

If...

＊ Rudyard Kipling

If you can trust yourself when all men doubt you...
If you can wait and not be tired by waiting...
Or being lied about, don't deal in lies...
Or being hated, don't give way to hating,
If you can dream--and not make dreams your master...
Or watch the things you gave your life to, broken,
And stoop and build 'em up with worn-out tools:
If you can make one heap of all your winnings
And risk it all on one turn of pitch-and-toss,
And lose, and start again at your beginnings...
If you can talk with a crowd and keep your virtue,
Or walk with kings--nor lose the common touch...
If you can fill the unforgiving minute
With sixty seconds' worth of distance run,
Yours is the Earth and everything that's in it,
And--which is more--you'll be a Man, my son!

만약에 -

* 러디어드 키플링

온 세상이 너를 의심해도 자신을 믿을 수 있다면,
기다림에 지침 없이 기다릴 수 있다면,
거짓을 들어도 거짓과 타협하지 않고,
미움을 당해도 미움을 용납지 않는다면,
꿈을 꾸어도 꿈의 노예가 되지 않을 수 있다면.
목숨을 바친 것들이 무너져도,
낡은 연장으로 허리 숙여 다시 일으킬 수 있다면.
성취한 모든 것을 다 한데 긁어모아
자신의 때가 왔을 때 한판 승부에 내 던졌지만
모두 잃어버려도 다시 처음부터 시작할 수 있다면,
신념을 져버리지 않고 군중과 이야기할 수 있다면,
겸손을 잃지 않고 제왕과 나란히 걸을 수 있다면.
모진 일분의 시간이라도
장거리 질주하듯 그 60초를 채울 수 있다면,
세상과 세상 모든 것이 너의 것이 될 것이며,
그 무엇보다도 아들아, 너는 한 인간이 된 것이란다

미국시*

The Wild Honey Suckle

* Philip Freneau

Fair flower that dost so comely grow
Hid in this silent dull retreat,
Untouched thy honied blossoms blow
Unseen thy little branches greet:
No roving foot shall crush thee here
No busy hand provoke a tear
By Nature's self in white arrayed
She bade thee shun the vulgar eye,
And planted here the guardian shade,
And sent soft waters murmuring by,
Thus quietly thy summer goes,
Thy days declining to repose
Smit with those charms, that must decay,
I grieve to see your future doom;
They died -- nor were those flowers more gay,
The flowers that did in Eden bloom;
Unpitying frosts, and Autumn's power
Shall leave no vestige of this flower
From morning suns and evening dews
At first thy little being came:

If nothing once, you nothing lose,
For when you die you are the same;
The space between, is but an hour,
The frail duration of a flower.

야생 인동덩굴 꽃

* 필립 프리노

고요하고 한적한 구석진 곳에 숨어
곱게도 자란 어여쁜 꽃이여,
손길 닿지 않은 그대 꿀 머금은 꽃들이 흔들리네
눈길 닿지 않는 작은 가지들에게 인사를 날려주네.
떠도는 이들의 발자국에 짓밟히지 않고
분주한 손길에 눈물 흘리게 되지 않으리.
자연의 섭리는 흰옷으로 차려입고
속된 눈길로부터 그대를 지켜주네,
그대 수호할 그림자를 심어두었네.
잔잔히 졸졸대는 물도 옆에 흘리네.
그리하여 고요히 그대 여름은 가고
그대 날들은 정적 속으로 저물어가네.
시들어야만 할 너의 매혹에 도취된 나는
다가올 너의 종말을 보며 이를 애도하노라.
에덴에 피었던 보다 화려한 꽃들도
마찬가지로 죽었으니,
매정한 서리와 가을의 힘은
이 꽃도 흔적 남김없이 데려가리라.
아침 햇살과 저녁 이슬로부터
너의 작은 존재가 처음 태어났으나

한 때 아무것도 아니었다면,
아무것도 잃어버릴 것 없는 법
너도 죽고 나면 그와 마찬가지여서,
그 사이 남겨지는 건 한송이 꽃이 연약하게 피고 진
그 한 순간 뿐.

Thanatopsis

* William Cullen Bryant

To him who in the love of Nature holds
Communion with her visible forms, she speaks
A various language; for his gayer hours
She has a voice of gladness, and a smile
And eloquence of beauty, and she glides
Into his darker musings, with a mild
And healing sympathy, that steals away
Their sharpness, ere he is aware. When thoughts
Of the last bitter hour come like a blight
Over thy spirit, and sad images
Of the stern agony, and shroud, and pall,
And breathless darkness, and the narrow house,
Make thee to shudder, and grow sick at heart;--
Go forth, under the open sky, and list
To Nature's teachings, while from all around--
Earth and her waters, and the depths of air--
Comes a still voice.--

------(중략)------

죽음에 대한 명상

* 윌리엄 컬런 브라이언트

자연을 사랑하여 자연의 보이는 형상들과
교감하는 사람에게 자연은
여러 가지 언어를 말합니다. 보다 즐거운 때는
즐거운 목소리와 미소,
그리고 웅변적 아름다움을 지닙니다.
보다 어두운 묵상의 시간에는 온화하고 치유적인
연민을 가지고 살며시 들어와, 알지 못하는 사이에
그 날카로움을 가져가 버립니다.
쓰디 쓴 지난 때의 생각이 마치 상념의
어두운 그림자처럼 그대 마음을 덮어올 때,
극심한 근심과 수의와 관을 덮는 장막, 그리고
숨 막히는 어둠과, 좁은 집들의 슬픈 이미지들이
그대를 몸서리치게 만들 때, 그리고 마음에 병이 들게 할 때면
나아가세요, 확 트인 하늘 아래로, 그리고
자연의 가르침에 귀 기울이세요, 그 순간
주위의 모든 곳으로 부터.--
대지와 물과 하늘 깊은 곳으로 부터,
고요한 목소리가 들려옵니다.

------(중략)-----

To the Fringed Gentian

＊ William Cullen Bryant

Thou blossom bright with autumn dew,
And colored with the heaven`s own blue,
That openest when the quiet light
Succeeds the keen and frosty night.
Thou comest not when violets lean
O`er wandering brooks and springs unseen,
Or columbines, in purple dressed,
Nod o`er the ground-bird`s hidden nest.
Thou waitest late and com`st alone,
When woods are bare and birds are flown,
And frosts and shortening days portend
The aged year is near his end.
Then doth thy sweet and quiet eye
Look through its fringes to the sky,
Blue -- blue -- as if that sky let fall
A flower from its cerulean wall.
I would that thus, when I shall see
The hour of death draw near to me,
Hope, blossoming within my heart,
May look to heaven as I depart.

푸른빛 용담 꽃에게

* 윌리엄 컬런 브라이언트

가을이슬과 더불어 빛나는 꽃,
하늘의 푸른색을 지닌 꽃이여,
매서운 찬 서리의 밤이 지나고
고요한 빛이 찾아올 때면 피어나는 꽃.
너는 제비꽃이 흐르는 냇물이나 눈에 띄지 않는 샘물 위,
혹은 보랏빛을 입은 매발톱꽃 위로 몸을 기울이거나
지상의 새들이 지은 숨은 둥지위로
고개 숙일 때 피지 않고,
늦게까지 기다렸다가 홀로이,
나무가 옷을 벗고 새들이 날아갈 때,
서리가 내리고 날이 짧아져
무르익은 한해가 저물고 있음을 알릴 때, 찾아오는도다.
그 때 너의 아름답고 고요한 눈은
하늘로 향한 그 꽃잎 너머로
푸르디푸른, 저 하늘을 우러러본다.
마치 그 천상의 벽에서 하늘이 꽃 한 송이 지게 하는 듯.
그러므로 바라노니,
내게 죽음이 가까이 다가오는 것을 볼 때
희망이 내 가슴속에 꽃을 피워
내가 떠날 때 하늘을 우러러 보기를.

A Psalm of Life

＊ Henry Wadsworth Longfellow

Tell me not, in mournful numbers,
Life is but an empty dream!
For the soul is dead that slumbers,
And things are not what they seem.

Life is real! Life is earnest!
And the grave is not its goal;
Dust thou art, to dust returnest,
Was not spoken of the soul.

Not enjoyment, and not sorrow,
Is our destined end or way;
But to act, that each to-morrow
Find us farther than to-day.

Art is long, and Time is fleeting,
And our hearts, though stout and brave,
Still, like muffled drums, are beating
Funeral marches to the grave.
In the world's broad field of battle,

In the bivouac of Life,
Be not like dumb, driven cattle!
Be a hero in the strife!

Trust no Future, howe'er pleasant!
Let the dead Past bury its dead!
Act,-- act in the living Present!
Heart within, and God o'erhead!

Lives of great men all remind us
We can make our lives sublime,
And, departing, leave behind us
Footprints on the sands of time;

Footprints, that perhaps another,
Sailing o'er life's solemn main,
A forlorn and shipwrecked brother,
Seeing, shall take heart again.

Let us, then, be up and doing,
With a heart for any fate;
Still achieving, still pursuing,
Learn to labor and to wait.

인생 찬가

* 헨리 웨즈워드 롱펠로우

구슬픈 어조로 내게 말하지 말라
인생은 한낱 헛된 꿈일 뿐이라고!
잠자는 영혼은 죽은 것이며
만물은 겉으로 보이는 그대로가 아니다.

인생은 현실이다! 인생은 진지한 것이다!
그리고 무덤은 그 목표가 아니다.
흙에서 나서 흙으로 돌아간다는 것은
영혼을 일컬어 한 말이 아니다.

우리의 정해진 종착지나 행로는
향락이나 비애가 아니라,
오늘보다 더 나은 내일을 향해
행동하는 일이다.

예술은 길고, 세월은 빠른 것,
우리의 심장은 견고하고 용감하나
동여맨 북처럼 무덤으로 가는
장송곡을 두드리고 있느니.
이 넓은 세상의 싸움터에서

인생의 야영지 안에서
멍청하게 내 몰리는 짐승이 되지 말고
투쟁에 임하는 영웅이 되라.

제 아무리 즐거워도 미래는 믿지 말고
죽은 과거는 그 죽음을 묻게 하라.
행동하라, 살아있는 현재에서 행동하라!
네 안에는 가슴을, 네 머리 위에는 신을 두고!

위인들의 생애는
우리도 숭고하게 살 수 있음을,
그리고 떠난 후 시간의 모래 위에
발자국을 남길 수 있음을 깨우쳐주고 있으니.

그 발자국은 훗날
엄중한 인생의 바다를 항해하다
좌절하고 파선한 다른 형제가 보고
다시 용기를 얻게 해 줄 것이니.

그러니 일어나 행동하자,
어떤 역경도 맞이할 각오로
언제나 성취하고 언제나 추구하며
노력하고 기다리는 것을 배우자.

The Arrow and the Song

* Henry Wadsworth Longfellow

I shot an arrow into the air,
It fell to earth, I knew not where;
For, so swiftly it flew, the sight
Could not follow it in its flight.

I breathed a song into the air,
It fell to earth, I knew not where;
For who has sight so keen and strong,
That it can follow the flight of song?

Long, long afterward, in an oak
I found the arrow, still unbroke;
And the song, from beginning to end,
I found again in the heart of a friend.

화살과 노래

* 헨리 웨즈워드 롱펠로우

허공을 향해 화살 하나 쏘았네.
땅에 떨어졌건만, 어딘지 몰랐네.
워낙 빨리 날아가니 눈으로는
날아가는 화살을 좇아갈 수 없었네.

허공을 향해 노래 한 곡조 불렀네.
땅에 떨어졌건만, 어딘지 몰랐네.
어느 누가 날아가는 노래를 따라갈
예리하고 강한 시력을 가졌으랴.

오랜 세월이 흐른 후, 참나무에서
화살을 찾았네, 부러져 있지 않았네.
노래는 처음부터 끝마디까지
친구의 마음속에서 다시 찾았네.

Annabel Lee

＊ Edgar Allan Poe

It was many and many a year ago,
In a kingdom by the sea,
That a maiden there lived whom you may know
By the name of Annabel Lee; --
And this maiden she lived with no other thought
Than to love and be loved by me.

I was a child and she was a child,
In this kingdom by the sea,
But we loved with a love that was more than love --
I and my Annabel Lee --
With a love that the winged seraphs in Heaven
Coveted her and me.

And this was the reason that, long ago,
In this kingdom by the sea,
A wind blew out of a cloud, chilling
My beautiful Annabel Lee;

So that her high-born kinsmen came

And bore her away from me,
To shut her up in a sepulchre
In this kingdom by the sea.

The angels, not half so happy in Heaven,
Went envying her and me: --
Yes! — that was the reason (as all men know,
In this kingdom by the sea)
That the wind came out of the cloud, by night,
Chilling and killing my Annabel Lee.

But our love it was stronger by far than the love
Of those who were older than we --
Of many far wiser than we --
And neither the angels in Heaven above,
Nor the demons down under the sea,
Can ever dissever my soul from the soul
Of the beautiful Annabel Lee: --

For the moon never beams without bringing me dreams
Of the beautiful Annabel Lee;
And the stars never rise but I feel the bright eyes
Of the beautiful Annabel Lee;
And so, all the night-tide, I lie down by the side
Of my darling, -- my darling --, my life and my bride,
In her sepulchre there by the sea --
In her tomb by the sounding sea.

애너벨 리

* 에드거 앨런 포

아주 아주 오래전
바닷가 어느 왕국에
당신이 알고 있을지도 모르는 애너벨 리라는 이름을 가진
한 소녀가 살고 있었답니다.
이 소녀는 단지 나를 사랑하고 내게서 사랑받는 것 이 외엔
아무것도 바라는 게 없이 살았답니다.

나도 어리고, 그녀도 어렸습니다,
바닷가 이 왕국에서.
그러나 우리는 사랑 그 이상의 사랑으로 사랑했답니다,
나와 나의 애너벨 리는 말입니다.
그 사랑은 하늘의 날개달린 천사들이 그녀와 나를
시샘하게 만들었습니다.

그로 인해 아주 먼 옛날,
바닷가 이 왕국에
구름 속에서 바람이 불어와
내 어여쁜 애너벨 리를 싸늘하게 만들어버렸습니다.

그래서 지체 높은 그녀의 친척들이 와서

그녀를 내게서 떼어 가
무덤에 가두어버렸습니다,
바닷가 이 왕국에서.
천국에서 절반만큼도 행복하지 못한 천사들이
그녀와 나를 시기했던 것입니다.
그래요. 그것이 이유였습니다. (바닷가 이 왕국의 사람들은 다 알고 있답니다)
한밤중에 구름에서 바람이 불어와
내 애너벨 리를 싸늘하게 죽여 버린 것은.

그러나 우리의 사랑은 우리보다 더 오래 산 이들의 사랑보다,
우리보다 훨씬 더 현명한 이들의 사랑보다,
질긴 것이어서
저 높은 곳 천국의 천사들도,
바다 저 아래 마귀들도,
어여쁜 애너벨 리의 영혼에서 내 영혼을
떼 놓을 수는 없었답니다.

달이 빛날 때면 언제나 어여쁜
애너벨 리의 꿈을 꾸고
별이 빛날 때면 어여쁜 애너벨 리의 빛나는 눈동자를
어김없이 느낀답니다.
그리하여 파도가 이는 밤이 새도록 ,
나는 어여쁜 내 사랑, 나의 인생, 나의 신부 곁에 눕는답니다.
바닷가 그녀의 무덤,
파도소리 들리는 바닷가 그녀의 무덤 속에.

Song of Myself

* Walt Whitman

1

I celebrate myself, and sing myself,
And what I assume you shall assume,
For every atom belonging to me as good belongs to you.
I loaf and invite my soul,
I lean and loaf at my ease observing a spear of summer grass.
My tongue, every atom of my blood, formed from this soil, this air,
Born here of parents born here from parents the same, and their parents the same,
I, now thirty-seven years old in perfect health begin,
Hoping to cease not till death.
Creeds and schools in abeyance,
Retiring back awhile sufficed at what they are, but never forgotten,
I harbor for good or bad, I permit to speak at every hazard,
Nature without check with original energy.

5

I believe in you my soul, the other I am must not abase itself to

you,
And you must not be abased to the other.
Loaf with me on the grass, loose the stop from your throat,
Not words, not music or rhyme I want, not custom or lecture,
not even the best,
Only the lull I like, the hum of your valved voice.
I mind how once we lay such a transparent summer morning,
How you settled your head athwart my hips, and gently turned
over upon me,
And parted the shirt from my bosom bone, and plunged your
tongue to my
bare-stripped heart,
And reached till you felt my beard, and reached till you held my
feet.
Swiftly arose and spread around me the peace and knowledge
that pass all the
argument of the earth,
And I know that the hand of God is the promise of my own,
And I know that the spirit of God is the brother of my own,
And that all the men ever born are also my brothers, and the
women my sisters and lovers,
And that a kelson of the creation is love,
And limitless are leaves stiff or drooping in the fields,
And brown ants in the little wells beneath them,
And mossy scabs of the worm fence, heaped stones, elder,
mullein and pokeweed.

----- (중략) -----

나의 노래

＊ 월트 휘트만

1

나는 나를 찬미하고, 나를 노래한다.
내가 받아들이는 것은 너도 받아들일지어다.
내게 속하는 모든 원자(原子)가 너에게도 똑같이 속해져 있으므로.
나는 어슬 대며 내 영혼을 부른다.
몸을 기대 편한대로 어슬 대며 여름철 풀잎 한줄기를 살펴본다.
나의 혀, 핏속의 모든 티끌들은 이 땅과 대기에서 형성되었으며,
여기서 태어난 부모에게서 태어난 부모에게서 태어나고, 그 부모들도
마찬가지이니.
나는 이제 완벽하게 건강한 37세 청년으로서 시작한다,
죽을 때까지 멈추지 않기를 바라며.
교리와 학파는 일시 중단하고
있는 그대로 만족한 채 잠시 물러서 있되 잊지는 말고,
선한 것 악한 것 모두 포용하며, 어떤 위험도 무릅쓰고 말하련다.
원초의 에너지를 제지됨 없이 가진 자연을.

5

내 영혼아 나는 너를 믿으며, 다른 나는 네 앞에서 낮추지 말며,
너 또한 다른 나에게 낮추지 말지어다.
풀 위에서 나와 함께 어슬 대자, 너의 목청의 억제를 풀어라.

말도, 음악도, 시도 나는 원하지 않는다, 관습도 훈시도, 최상의 것이라 해도 난 원치 않는다.
단지 은은한 소리, 너의 조절된 콧노래가 좋다.
쾌청했던 여름 아침 한 때, 우리가 누워있었던 일을 회상한다.
너의 머리를 내 둔부에 비스듬히 눕히고 살포시 그 위에 돌아누워,
내 늑골 부분의 셔츠를 열어 말갛게 드러난 내 심장에 너의 혀를 갖다 댔지,
나의 수염까지 와 닿고, 내 발목을 껴안았지.
그 순간 문득, 지구상 모든 논쟁을 초월하는 지혜와 평화가 솟아올라 내 주변에
퍼져나갔다.
나는 신의 손은 내 자신의 약속임을 안다,
나는 신의 영이 내 자신의 형제임을 안다,
그리고 태어난 모든 남자 또한 나의 형제이며,
모든 여자는 나의 누이이며 연인임을 안다.
그리고 창조의 골격은 사랑이며
무한한 것은 들판에 빳빳해진 혹은 늘어진 낙엽들이며
그 아래 작은 우물 속에 사는 고동색 개미들,
지그재그 모양 담장의 이끼 딱지, 돌무덤, 딱총나무, 물레인, 그리고 미국자리공이라는 것을.

----- (중략) -----

O Captain! My Captain!

* Walt Whitman

I.

O captain! my captain! our fearful trip is done;
The ship has weathered every rack, the prize we sought is won;
The port is near, the bells I hear, the people all exulting,
While follow eyes the stead keel, the vessel grim and daring.
But O heart! heart! heart!
O the bleeding drops of red!
Where on the deck my captain lies,
Fallen cold and dead.

II.

O captain! my captain! rise up and hear the bells;
Rise up! for you the flag is flung, for you the bugle trills:
For you bouquets and ribboned wreaths, for you the shores a-crowding:
For you they call, the swaying mass, their eager faces turning.
O captain! dear father!
This arm beneath your head;
It is some dream that on the deck
You've fallen cold and dead.

III.

My captain does not answer, his lips are pale and still;
My father does not feel my arm, he has no pulse nor will.
The ship is anchored safe and sound, its voyage closed and done:
From fearful trip the victor ship comes in with object won!
Exult, O shores! and ring, O bells!
But I, with silent tread,
Walk the spot my captain lies
Fallen cold and dead.

오, 캡틴! 나의 캡틴!

* 월트 휘트만

I.

오 캡틴! 나의 캡틴! 우리의 무서웠던 항해는 끝났소.
배는 온갖 풍상을 견뎌냈고, 우리가 갈구했던 목적을 성취했소.
항구는 가깝게 다가오고, 종소리가 들린다, 기뻐 날뛰는 사람들,
그들의 시선은 견고한 용골, 굳세고 담대한 함선을 따라간다.
그러나, 아 가슴이여! 가슴이여! 가슴이여!
오, 떨어지는 붉은 핏방울!
갑판 위에 나의 캡틴이 누워있네,
싸늘하게 쓰러져 죽었네.

II.

오, 캡틴! 나의 캡틴! 일어나 저 종소리를 들으소서
일어나소서 ! 당신을 위해 깃발이 휘날리고 당신을 위해 나팔이 울리고 있소.
당신을 위한 꽃다발과 리본 달린 화환, 당신을 보려고 해안으로 인파가 몰려들고 있소,
저 사람의 물결은 당신을 열렬히 찾고 있는 것이니.
오 캡틴! 사랑하는 아버지시여!
나의 팔에 뉘어진 당신의 머리,
이게 무슨 꿈이란 말인가,

갑판위에 싸늘히 쓰러져 죽다니.

III.

캡틴은 대답이 없다. 그의 입술은 창백하고 움직임이 없다.
나의 아버지는 내 팔을 느끼지 못하고, 맥박도 의지도 사라졌다.
배는 정박했다 안전하고 확실하게, 그 항해는 완료되어 끝났다.
무서웠던 항해에서 승리한 배는 목적을 달성하고 귀항했다.
기뻐하라, 해안이여! 울려라, 종소리여!
그러나 나는 말을 잃고 걸어가노라,
나의 캡틴이 누워있는,
싸늘히 쓰러져 죽은 그 자리로.

To Make a Prairie

＊ Emily Dickinson

To make a prairie it takes a clover and one bee,
One clover, and a bee,
And reverie.
The reverie alone will do,
If bees are few.

초원을 만들고 싶다면

＊ 에밀리 디킨슨

초원 만드는데 필요한건 클로버 잎 하나와 벌 한 마리,
클로버 입 하나, 벌 한 마리,
그리고 꿈.
꿈만 있어도 돼,
벌이 모자라면.

Hope is the Thing with Feathers

＊ Emily Dickinson

Hope is the thing with feathers
That perches in the soul,
And sings the tune without the words,
And never stops at all,

And sweetest in the gale is heard;
And sore must be the storm
That could abash the little bird
That kept so many warm.

I've heard it in the chillest land,
And on the strangest sea;
Yet, never, in extremity,
It asked a crumb of me.

희망은 날개 달린 것

＊ 에밀리 디킨슨

희망은 날개 달린 것.
영혼에 살포시 내려앉아
가사 없이 노래를 부르네,
그칠 줄 모르네.

모진 바람 속에서 가장 감미로운 그 소리
수많은 이를 따뜻하게 지켜 준
이 작은 새를 꺾어놓을 수 있다면
유별나게 매서운 폭풍이리라.

가장 추운 땅에서도
가장 낯선 땅에서도 그 소릴 들었네.
그러나 아무리 절박해도
빵부스러기 하나 내게 달라하지 않았네.

The Soul Selects her Own Society

＊ Emily Dickinson

The Soul selects her own Society -
Then - shuts the Door -
To her divine Majority -
Present no more -

Unmoved - she notes the Chariots - pausing -
At her low Gate -
Unmoved - an Emperor be kneeling
Upon her Mat -

I've known her - from an ample nation -
Choose One -
Then - close the Valves of her attention -
Like Stone -

영혼은 제 자신을 친구로 선택한다

* 에밀리 디킨슨

영혼은 제 자신을 친구로 선택 한다
그리고 문을 닫아버리지
신성한 다수의 영혼들에게-
더 이상 모습을 보이지 않는다

담담하게 그녀는 낮은 문간에
멈춰선 마차를 바라본다
담담하게 그녀의 집 돗자리 위에 무릎 꿇고 있는
황제를 바라본다

나는 그녀를 잘 알지 – 어느 광대한 나라에서
단 하나를 선택한 뒤
관심의 빗장을 닫아버린다는 것을
돌처럼.

해설*

[해 설]

1. 영시 감상법

문학을 포함한 예술 작품 감상의 사전적 의미는 그것을 즐기고 평가하는 행위를 뜻한다. 문학 작품을 '분석한다' 혹은 '비평한다'라는 표현은 '감상한다'는 말보다 어딘가 건조하고 복잡한 느낌을 준다. 그래서 일각에서는 시를 그 자체로 즐겨야지 분석하고 비평하면 시 읽는 즐거움이 반감된다는 주장을 하기도 한다. 이러한 주장에도 일리가 없는 것은 아니지만 시를 읽기 전에 우리는 먼저 시를 비롯한 다른 형식의 문학작품 또는 예술적 창작물을 감상하는 궁극적인 목적이 반드시 어떤 즐거움이어야 하는지에 대한 질문을 해 볼 필요가 있다. 여기서 의미하는 즐거움이 감각에 기초한 것일 경우 더더욱 그러하다. 그렇다고 모든 시에는 언어적 유희가 가져다주는 즐거움을 초월하는 어떤 지고한 진리나 의미가 어김없이 내포되어 있다는 말은 아니다. 그리고 시의 행간에 감춰진 그러한 진리, 혹은 의미를 기필코 규명해야한다는 의무감이나 목적의식에 투철해야한다는 이야기가 아니다. 그러한 욕망이 강박관념으로 작용할 경우 그것은 시로 부터 즐거움만을 추구하는 태도만큼이나 경계해야 할 필요가 있다. 그러나 언어적 유희가 빚어내는 순간적 희열 혹은 감각적 즐거움 같은 단순한 차원 이상의 그 어떤 것을 시에서 기대하는 경우라면, 비평적이고 분석적인 시 읽기는 그 기대를 충족시켜줄 수 있는 방법 중의 하나이다. 여기서 말하는 또 다른 "어떤 것"을 무엇이라고 규정하기는 어렵다. 그것이 무엇이든 보다 중요한 사실은 그것을 찾으려는 비평, 분석적 노력 그 자체 또한 시 읽는 즐거움의 중요한 부분을 차지 한다는 것이다. 본 시선집에 수록된 작품 가운데 어떤 시는 뭔가를 노래하는 시이며, 어떤 시는 뭔가를 생각해 보게 하는 시이며, 또 어떤 시는 양쪽 모두에 해당하는 시이다.(이러한 것을 구분 하는 것도 그리 간단한 일이 아니다.) 읽고자하는 시가 어떤 부류에 속하는 것이든 무관하게 기억해야 할 사실은 시 감상을 통해 느끼게 되는 즐거움은 독자 자신의 모든 감각기관과 상상력, 통찰력을 동원할 때 극대화 될 수 있다는 것이다.

시를 읽기 전 독자는 먼저 자신이 인식의 주체라는 자의식을 가지고, 읽고자 하는 작품 역시 머리, 몸통, 팔다리, 목소리, 그리고 생명을 가진 하나의 자율적이고 독립적인 유기체라는 기분으로 대할 필요가 있다. 달리 말하자면 시를 쓴 시인의 성향, 시가 창작된 시대의 문화, 정치, 사회적 배경, 혹은 당대의 문학적 사조와 같은 시의 외적인 요소에 대한 지식이나 선입관은 일단 접어두고, 텍스트라는 낯선 존재를 처음으로 대면을 한다는 기대감을 가져야한다.

독자와 시의 만남에서 먼저 말을 거는 쪽은 시이다. 시가 건네는 말에 대한 독자의 일차적인 반응은 기쁨, 슬픔, 위안, 경악 등 다채롭게 나타나지만, 이러한 반응들은 '좋다,' 혹은 '싫다'라는 식으로 단순화, 양분화 시킬 수 있다. 이 단계에서 시에 대해 느낀 독자의 반응이 부정적인가 긍정적인가는 그다지 중요하지 않다. 그보다 중요한 것은 반응 그 자체이다. 그것은 독자가 시에게 말을 걸게 하는, 진정한 의미의 시 감상 또는 비평 행위의 출발점이기 때문이다.

시를 읽은 후 그 시에 대한 자신의 긍정적 혹은 부정적 반응의 근거가 무엇인지를 스스로에게 질문하고 규명하는 작업이 이루어져야한다. 이 과정은 그러한 반응이 자신의 어떤 성향으로 부터 비롯되었는지, 그리고 그것의 타당성을 따져보는 자아 성찰 또는 자기 비평적인 행위를 포함한다. 긍정적 반응은 작품 속에 내재된 감미로운 음악성, 창의적인 비유, 유려한 표현, 기발한 또는 충격적인 발상, 심오한 메세지, 독특한 이미지의 환기력 등과 같은 다양한 이유에서 비롯될 수 있다. 부정적인 반응은 위와 같은 요소가 시에서 결여 되었을 경우라고 생각할 수 있다. 이와 같은 긍정적 혹은 부정적 반응의 결정 요인 가운데서 어느 것이 자신에게 '어떤 감동'(혹은 실망)을' '어떻게 주었는지'를 철저히 탐색하고 분석하는 가운데, 독자는 시를 비평적인 시각에서 재조명하게 되는 것이다. 이것은 시 감상의 한 과정 일 뿐만 아니라 독자가 시를 통해 스스로를 조명해보는 경험이기도하다.

독자는 읽은 시에 대한 자신의 일차적 반응에 대하여 충분한 성찰을 한 이후에 그 작품의 시대적 배경, 당대의 문예사조, 시인의 의도와 특징, 시에 대한 다양한 비평적인 견해 등과 같은 시의 외적 요소들에 대한 탐구로 비평행위의 외연을 확장하는 것이 바람직하다.

이 책에 포함된 모든 개별적인 시를 위와 같은 방법으로 감상하겠다는 것은 무리한 욕심이다. 일차적으로 읽은 시 중에서 자신에게 가장 큰 울림을 준 작품 서너 편을 선택하여 집중적으로 분석하고 평가해보기를 권한다. 본 시선집에 소개된 대부분의 시들은 이미 널리 애송되고 비평적 주목을 받았던 작품들이어서 시인과 작품에 대한 참고 자료는 찾는데는 큰 어려움이 없으리라 생각한다.

2. 영시의 운율

일반적으로 난해하고 복잡한 특징을 가진 현대시에 비하여 근대 영미시들은 작품의 주제와 내용을 파악하기가 상대적으로 용이하다. 그러나 근대시는 대부분 정형시이기 때문에 온전한 시 감상을 위해서는 정해진 규칙에 의거하여 소리 내어 읽는 것이 바람직하다. 그러나 일반 독자에게, 특히 영어가 외국어인 우리에게 있어서 그것은 결코 쉬운 일이 아니다. 영어가 모국어인 원어민들에게도 정확하게 시의 리듬을 살려 낭독하기란 매우 도전적인 일이다. 그들에게도 그것은 시에 대한 전문지식이 요구되는 복잡하고 기술적인 문제이기 때문이다. 영시를 처음 접하는 독자들은 우선적으로 시가 지닌 어조와 주제 그리고 전체적인 분위기를 파악한 이후, 거기에 적합한 정서로 소리 내어 읽어도 무방하지만, 가능하다면 관심이가는 두 세편의 시를 선택하여 아래에서 설명하고 있는 운율의 구성요소와 시 읽기 방법을 참고하여 시 낭송을 시도해 보기 바란다.

영시를 소리 내어 읽을 때 가장 유의할 것은 리듬(rhythm)을 살려 읽는 것이다.

시의 리듬은 소리의 강약, 고저, 장단 등이 하나의 단위로 조화를 이루며 규칙적으로 반복될 때 발생한다. 이처럼 규칙적으로 반복되는 리듬을 운율(韻律, meter)라고 한다. 운율을 생성하게 하는 요소는 최소 음성단위인 음절(音節, syllable)이다. 이 음절에서 특히 강조해서 읽어야 부분을 강조(强調, accent 또는 stress)라고 하고, 강조가 있는 음절은 강음절(强音節, accented syllable 또는 stressed syllable)이라고 한다. 한 개의 강음절과 한 두개의 약음절(弱音節, unaccented 또는 unstressed syllable)이 결합해서 규칙적으로 반복되는 최소 단위를 음보(音步, foot)라고 한다. 영시에서 음보는 Iambus(약강), Trochee(강약), Anapasast(약약강), Dactyle(강약약)와 같은 네 종류가 있다. 운율은 한 시행(詩行, line)에 있는 음보의 수를 규정하는 말이다. 운율(meter)에는 8종류가 있다. 1보격인 Monometre부터 2보격인 Dimetre, 3보격인 Trimetre, 4보격인 Tetrametre, 5보격인 Pentametre, 6보격인 Hexmetre, 7보격인 Heptametre, 8보격인 Octametre이다. 1보격으로 쓰인 영시는 극히 드물다. 6보격 이상의 운율을 가진 시행은 너무 길어서 중간 휴지(Ceasure)을 두고 읽는다. 『셰익스피어 소네트 연작집』(Shakespearian

Sonnet Sequence)의 「소네트 18」번 14행 중 처음 8 시행을 아래와 같이 예로 들어 음보와 운율을 살펴보자.

x / x / x / x / x /
Shall I com-pare thee to a summ-er's day? (a)
x / x / x / x / x /
Thou art more love- ly and more temp- pe- rate (b)
Rough winds do shake the darling buds of May, (a)
And summer's lease hath all too short a date: (b)
Sometime too hot the eye of heaven shines, (c)
And often is his gold complexion dimmed, (d)
And every fair from fair sometime declines, (c)
By chance, or nature's changing course untrimmed: (d)

위 시행에서 'x'는 약음절을, '/ '은 강음절을 의미한다. 이 시행에는 '약강'의 음보(foot)가 5개 있음을 알 수 있다. 따라서 이 시행은 약강(Iambic) 5보격(Pentametre) 형식으로 구성되어 있음을 알 수 있다. 약강(Iambus) 음보와 5보격(Pentametre) 운율은, 즉 약강 5보격(Iambic Petametre)은 14행 소네트 서사시, 극시, 서정시 등, 영시에서 가장 널리 사용되는 운율이다.

정형시의 또 다른 중요한 구성요소는 운(韻, rhyme)이다. 운은 시 속에 사용된 음을 일치시키는 것을 의미 한다. 운(rhyme)에는 4종류가 있다.

1) 유운 (類韻) 또는 모운(母韻, assonance, 혹은 middle rhyme): 두 개 혹은 그 이상 낱말에서 강음절 모음만 일치하고 앞뒤에 있는 자음은 일치하지 않는 경우.

(예: Or hear old Triton blow his wreathed horn. 또는 Or hear old Triton blow his wreathed horn.)

2) 두운 (頭韻, alliteration 또는 head rhyme): 같은 시행에서 두개 혹은 그 이상의 강음절이 모음 또는 동일한 자음으로 시작되는 경우 (고대 영시나 어린이들의 동요가사에서 주로 사용됨 (예: Peter Piper picked a peck of pickled peppers)

3) 자운 (子韻, consonance) : 한 시행에서 어미의 자음만 일치하는 경우

(예: all mammals named Sam are clammy).

4) 각운 또는 운 (脚韻, rhyme 또는 end rhyme): 두 개 혹은 그 이상의 시행 끝부분의 강음절 모음, 혹은 자음과 자음의 음이 동일한 경우 (각운의 예로 위에서 예시한 셰익스피어의 「소네트 18」번 8행의 굵은 글씨체로 된 각 행의 끝자리 음을 참고 바람. 전형적인 영국 소네트 각운 패턴은 abab-cdcd-efef-gg이다. 셸리의 「서풍에게」('Ode to the West Wind')에서 사용된 운은 aba-bcb-cdc- ede-ee 이다.

스탠자(stanza)라고 흔히 말하는 연(聯)은 일정한 숫자의 시행으로 이루어진 시의 구조상의 단위를 뜻하는 말이다. 음보가 반복되어 시행이 되고, 시행이 모여 스탠자가 된다. 스탠자가 모여 하나의 시가 완성된다. 영시에는 1행시부터 14행시가 있다. 예를 들어 3행시 가운데 가장 대표적인 'Ode to the West Wind'의 경우, 이 책에 수록된 이 시는 Terza Rima라 불리는 특수한 3행시 형태로 쓰인 약강5음보 시에 해당한다.

동일한 발음의 반복을 의미하는 운(rhyme)은 시를 보다 음악적이고 우아하게 하는 장점이 있는 한편, 시어 선택에 제한을 주기 때문에 시인의 자연스러운 감정과 표현을 방해하는 단점도 있다. 이러한 문제를 극복하기 위해 운(각운)을 사용하지 않는 시를 무운시(無韻詩)(blank verse)라고 부른다.

운(rhyme)이 다소 인위적이고 제약적인 면이 있다면, 운율(metre)과 리듬(rhythm)은 인간의 숨소리나 맥박과 같은 자연스런 소리를 모방하

고 반영한 것이다. 우리가 산문에서 맛볼 수 없는 언어의 독특한 음악성과 생동감을 영시에서 느낄 수 있는 것은 운과 운율과 같은 시적(詩的) 장치가 작용하기 때문이다. 그러나 기억해야 할 점은 정형시가 아닌 자유형식의 시에도 내재율이 있다는 것이다. 예를 들어 이 시집에서 소개된 월트 휘트먼의 「나의 노래」('Song of Myself')는 고전적인 정형시 시작법을 탈피한 자유 형식(free verse)으로 쓰여 졌지만 자유분방하고 힘찬 독특한 운율을 느끼게 해준다.

3. 영시의 유래

1) 고대 영문학과 고대 영시

『근대 영미시선집』에 포함된 개별적 시와 시인들에 대한 해설을 하기 전에 영시의 유래와 변천과정을 살펴보고, 고대 영시와 중세 영시, 그리고 근대 영시를 포함한 각 시대별 영시에 나타난 특징을 간략하게 설명하고자 한다.

영시는 일반적으로 고대 영시, 중세 영시, 근대 영시, 현대 영시로 시대적 구분을 한다. 고대 영시는 6세기부터 11세기에 걸쳐 영국을 지배했던 앵글로색슨(Anglo-Saxon)족이 남긴 고대 영어로 쓰인 시를 말한다. 현존하는 고대 영시들 중 다수가 처음부터 문자로 기록 된 것은 아니었다. 영문학에 현존하는 최초의 서사시 『베어울프』(Beowulf)를 비롯한 길고 짧은 고대 영시들은 원래 입으로 전해 내려오던 것들이었다. 하지만 당시 브리턴(Britain)이라 불리던 지금의 영국 땅을 기원전 55년부터 지배하고 있던 로마군들이 5세기 초 국내사정으로 인하여 본국으로 퇴각하자, 그 틈을 노려 영국을 침공해 정착한 앵글(Angle)족, 색슨(Saxon)족 등, 게르만 민족 유산을 통해 연합된 민족들이 그들의 기억 속에 남았던 이교도적 구비문학을 문자로 기록해 남긴 것이 영문학의 출발점이 된 것이다.

구전으로만 전해지던 앵글로색슨 족의 영웅담, 전설, 그리고 시가들이 고대 영어로 기록 될 수 있었던 것은 6세기 말 기독교가 전파되고 앵글로색슨인들이 크리스천으로 개종한 때문이었다. 라틴어와 학문에 능통했던 당시 기독교 성직자들은 앵글로색슨의 구전문학을 로만 알파벳으로 옮겨 적는 과정에서 앵글로색슨 족의 이교도적 구전문학에 기독교적인 색체를 가미했다. 대부분의 고대 영시에 기독교적인 메시지와 이교도적인 가치관이 혼재되어있는 것은 바로 이런 이유 때문이다.

고대 영시에 사용된 영어는 오늘날의 영어와 매우 다르기 때문에 고대 영어에 대한 특별한 지식이 없는 현대 일반 독자들이 고대 영어로 쓰인 작품을 읽고 이해하는 것은 거의 불가능하다고 볼 수 있다. 그러나 현대 영어로 번역된 고대 영시를 읽을 경우에도 어려움이 전혀 없는 것은 아니다. 왜냐하면 고대 영시에서 발견되는 게르만 민족의 무인사회 특유의 가치관이나 문학적 비유들이 오늘날의 독자들에게 여전히 낯설고 접근하기 어려운 부분들이 많기 때문이다. 이 때문에 일부 영문학자들은 이 시기 문학을 영문학사의 일부, 혹은 출발점으로 수용하는데 문제가 있다고 주장하며 영문학의 시작을 고대 영문학이 아닌 중세 영문학으로 간주해야 한다는 의견을 제시하기도 한다. 그러나 영문학은 『베어울프』의 출현과 더불어 시작되었다고 보는 것이 일반적인 견해다.

2) 중세 영문학과 중세 영시

중세 영문학은 노르만족의 왕 윌리엄 1세(William the Conqueror)가 영국을 정복한 1066년 이후부터 헨리 7세가 왕위에 올라 영국의 튜더 왕조가 시작 된 1485년까지 문학을 말한다. 1066년 노르만족의 영국

정복은 고대 영문학 시대가 끝나고 중세 영문학 시대가 시작되는 결과를 가져 온 사건이므로 영문학사에서 큰 의미를 가진다. 노르만 정복에 따른 가장 큰 변화 중 하나가 바로 영어의 변화다. 프랑스어를 사용하는 노르만 정복자들은 영어를 구사 할 수 없어 프랑스어를 영국의 공식 언어로 채택할 수밖에 없었고, 앵글로색슨 족의 귀족들은 당연히 프랑스어를 배워야만 했다. 그 결과 중세 영어는 현대 영어와 유사한 형태로 변형되었고, 중세 영어가 런던 방언을 중심으로 표준화되고 온전한 문학적 표현 수단으로 발전하기까지는 비록 오랜 시간이 걸렸지만, 영국 문화와 영어는 노르만의 영국 정복을 계기로 근본적인 변화를 겪으면서 영문학에 새로운 특징을 띠게 되었다.

윌리엄 1세가 영국을 정복 했을 때 노르만인들이 영국에 전한 것들 중에는 그들이 사용하던 언어인 프랑스어 이외에도 세련되고 우아한 궁정문학 형식의 영웅담, 기사들의 모험담, 그리고 사랑이야기를 주제로 하는 로맨스 장르 문학이 포함되어 있었다. 중세기의 이 궁정문학 전통은 16세기 영국의 르네상스기에 꽃을 피운 연애시에도 영향을 주게 된다. 중세 영문학은 노르만 정복 후 200년이 지난 14세기에 이르러 리처드 2세가 왕위에 즉위하면서 번성기를 맞게 된다. 신 중심적 사고방식을 가진 봉건주의 사회였던 중세에 탄생한 문학 작품들은 대부분 교훈적이고 종교적인 내용을 담고 있었다. 남녀 간의 세속적 사랑을 노래한 서정시, 혹은 영문학의 아버지로 불리는 제드리 초서(Geoffrey Chaucer 1344-1400)의 『캔터베리 이야기』(The Canterbury Tales)와 같이 해학적이고 외설적인 내용의 운문으로 된 이야기 모음집도 교훈적이고 종교적인 메시지로 귀결된다.

3) 근대영문학과 근대 영시

근대 영문학은 중세 이후부터 빅토리아 왕조가 끝나는 19세기 말까지의 영문학을 가리킨다. 헨리 7세의 즉위와 더불어 시작된 튜더 왕조(1485년)에 중세 영문학은 막을 내리지만, 중세의 끝을 의미하는 튜더 왕조의 출범이 곧바로 근대 영문학의 시작으로 이어지는 것이 아니라는 의견도 있어 실제로 어느 시기를 근대 영문학의 출발시점으로 규정할 것인가에 대해서는 학자들 사이에서도 견해가 분분하다. 이러한 의견의 불일치는 시대적 구분을 전제로 한 '근대'라는 개념, 그리고 근대 이전기의 정치, 경제, 사회, 철학에 대한 차별성을 전제로 하는 '근대'라는 개념 사이에 존재하는 의미의 간극에서 비롯된다고 볼 수 있다. 철학적 맥락에서 볼 때 '근대' 정신은 17세기의 프랑스 철학자 데카르트(René Descartes: 1596- 1650)의 "나는 생각한다, 고로 나는 존재 한다"라는 유명한 명제로부터 출발한다. 이러한 발상은 중세의 신 중심적 사고방식에서 인간 중심, 이성 중심의 사고방식으로의 전환을 의미한다. 사회학적 맥락에서 볼 때 서구의 근대사회는 16세기 르네상스와 종교개혁에서 시작해 18세기 계몽주의와 시민혁명을 거쳐 19세기 산업혁명으로 완성되었다고 볼 수 있다. 르네상스 시대 사람들은 인간의 지적, 예술적 활동에 보다 큰 의미를 부여했다. 이러한 경향은 자연과학의 발달을 촉진하고 시민의식 형성의 동력으로 작용했을 뿐만 아니라, 예술과 문학에 대한 새로운 가치를 인정하는 근거를 제공했다. 중세기 사람들에게 있어서 시문학은 글쓰기 재주를 가진 사람들이 지어낸 흥미로운 이야기, 또는 종교적, 교훈적 메시지를 전달하는 수단에 지나지 않았다. 그러나 르네상스기에 이르면서 사람들은 시문학을 인간 고유의 정신적, 정서적 행위로 간주하며 시문학에 큰 의미를 부여했다. 이 책의 시작 부분에서 읽게 되는 에드먼드 스펜서(Edmund Spenser)와 셰익스피어(William Shakespeare)의 소네트에서 우리는 이러한 특징을 발견 할 수 있다.

4. 개별 시인 및 작품에 대한 해설

1) 영국시

***에드먼드 스펜서(Edmund Spenser(c. 1552-1599)**

스펜서는 영국 런던에서 출생하였지만, 아일랜드 총독의 비서로 아일랜드로 건너가 살면서 그곳에서 일생을 마쳤다. 영문학의 황금기라고 할 수 있는 엘리자베스 1세 시대의 대표적 시인인 스펜서는 영문학사에서 최고의 시인 중 한 사람으로 평가 된다. 그는 다양한 방법의 시작법을 시도하여 영시의 새로운 가능성을 실험하고 확대함으로써 영시 발전에 크게 기여하였다. 그는 또한 "시인들의 군주" (The Prince of the poets)로 불릴 만큼 당대의 많은 다른 시인들에게 큰 영향을 주었다. 위대한 시인으로서의 그의 진면목은 무엇보다도 그의 대표작인 『선녀국의 여왕』(The Faerie Queene)과 같은 장시(長詩)에서 뚜렷하게 드러난다. 그러나 순수한 사랑을 노래하는 그의 서정시나 소네트 형식의 단시(短詩)를 통해서도 유려하고 아름다운 그의 시 세계를 엿볼 수 있다.

「소네트 6」과 「소네트 75」는 사랑에 대한 열망과 절망, 그리고 성취의 기쁨을 노래한 89편의 소네트와 그에 덧붙여진 9연(stanza)의 시로 구성된 소네트 연작시 『아모레티』(Amoretti)에 포함되어 있는 소네트들이다. 이 시에서 시인이 사랑을 구하는 대상은 그의 두 번째 부인인 엘리자베스 보일(Elizabeth Boyle)이라는 것이 정설이다. 그러나 르네상스시대 시인들이 쓴 연애시에서 흠모의 대상인 여인이 실제 인물인지 아닌지에 대해 지나친 의미를 부여할 필요는 없을지 모른다. 이 당시 많은 연애 시에서 사랑의 대상으로 등장 하는 여인들은 실제 인물의 가면을 쓴, 시인의 상상 속에 존재하는 이상화된 여인상들이기 때문이다. 그리고 당시 연애시를 쓴다는 것은 단순히 이성의 마음을 사로잡기 위한 구애 행위 이상의 의미를 가지고 있었다. 사랑에 빠진 시인이 겪는 고결하고도 고통스런 경험은 정신을 고양시켜주는 것으로 믿었으며, 그러한 사랑의 감정을 느끼고 표현할 수 있는 시적 감수성과 표현력은 르네상스시대의 완벽한 신사가 갖추어야 할 미덕으로 간주되었던 것이다. 스펜서는 이 소네트에서 유한한 인간의 육체적 사랑보다 이상적이고 정신적인 사랑을 노래하고 있다는 점에서 이탈리아 출신 시인인 페트라르카(Petrarch)의 연애시 전통을 이어받고 있다. 「소네트 6」에서 스펜서는 쉽사리 얻어지는 사랑보다는 일시적인 아픔을 참아내며 어렵게 얻은 사랑이 보다 고귀하고 견고하다며, 순수하고 정신적인 사랑에 대한 자신의 열망을 노래하고 있다. 「소네트 75」에서는 서정적인 화자가 자신이 노래하는 시가 유한한 인간의 사랑을 영원불멸한 것으로 남게할 수 있다고 언급하고 있어, 시문학에 지고한 가치를 부여했던 르네상스시대 시인들의 시에 대한 인식을 엿볼 수 있다.

*치디오크 찰스 티치번(Chidiock Charles Tichborne : 1558-1586)

티치번은 엘리자베스 1세 여왕을 살해하려는 역모를 도모하다가 붙잡혀 28세의 젊은 나이에 형장의 이슬로 사라진 불운한 시인이다. 「티치번의 비가」(Tichborne's Elegy)로 알려진 그의 시는 그가 처형되기 전날 런던의 지하 감옥에서 쓴 것이다. 그는 이 시를 쓴 다음 날 갈라진 자신의 복부에서 터져 나오는 내장을 지켜보며 죽음을 맞이해야하는 잔인하고 참혹한 처형을 당했다. 이러한 절박하고 극적인 시의 배경상황으로 인해 「터치번의 비가」는 많은 독자들과 평자들의 관심을 끈다. 이 시에서 우리는 죽음을 목전에 둔 절망적 상황에서 울부짖는 시인의 체념적 절규를 들을 수 있다. 그러나 르네상스 시대 시인답게 터치번은 이 시에서 자신의 격한 감정을 표출하면서도 전체적으로 일종의 질서와 균형감각을 유지하고 있다. 이 시에 나오는 "나의 이야기는 알려졌으나 전해지지 않았고/내 열매 떨어졌네/잎사귀는 푸르건만/내 청춘 다 지나갔네/아직 늙지 않았건만"과 같은 표현에서 우리는 그가 르네상스기 영국 시에서 흔히 발견되는 대구(對句)와 역설(逆說)이라는 수사법을 사용하고 있음을 알 수 있다.

*윌리엄 셰익스피어(William Shakespeare: 1564-1616)

셰익스피어는 영국의 중부 어느 작은 마을에서 출생한 극작가이자 시인이다. 셰익스피어는 영국이 낳은 가장 위대한 극작가로 널리 잘 알려져 있다. 그러나 설령 셰익스피어가 일생 동안 희곡을 단 한편도 쓰지 않았다고 가정하더라도, 그는 영문학 역사상 최고의 시인 중 한 사람으로 찬사를 받을 만큼 뛰어난 시인이다. 셰익스피어의 「소네트 18」,「소네트 116」은 154편의 연작 소네트로 구성된 『셰익스피어 소네트 연작집』(Shakespearian Sonnet Sequence)에 포함된 시들이다. 흔히 "나 그대를 여름날과 비교해볼까"라는 제목으로 알려진 「소네트 18」은 셰익스피어 소네트 중 가장 널리 애송되는 시이다. 이 시에서 시인은 사랑하는 여인의 자태를 눈부신 여름날 보다 더 화사하고 아름답다고 이상화한다. 그는 또한 자연 세계의 아름다움은 유한하지만 그의 시를 통하여 그녀의 아름다움은 영원히 보존 될 것이라며 시의 본질적이고 긍정적인 기능을 상기 시키고 있다. 이 시에서 주목 할 점은 시적 화자가 시간의 파괴적인 힘에 무력한 인간 존재의 유한성으로부터 벗어 날 수 있는 길을 중세인들처럼 종교적 신앙심이나 신의 은총에서 찾지 않고 인간의 영혼으로부터 분출되는 "불멸의 노래"에서 찾고 있다는 사실이다. 「소네트 116」에서는 진실한 사랑을 예찬하고 있다. 이 시에서 시인은 진정한 사랑은 "세월의 놀림감"이 되어 변질되고 단명 하는 육체적인 것이 아니라 죽음에 이르기까지 흔들리거나 훼손되지 않는 정신적인 것이라고 말한다. 그는 또한 이러한 사랑이 인간 속에 존재하고 있다는 믿음이 그로

하여금 시를 쓰게 하고 인간을 사랑 할 수 있게 한다는 말로 이 시를 마무리한다. 이 부분에서 우리는 인간 본성에 대한 시인의 신념과 자신감을 읽을 수 있다. 또한『셰익스피어 소네트연작시집』에는 천편일률적으로 여성을 이상적인 존재로 묘사하고 남녀의 사랑을 고상하고 정신적인 것으로만 미화하는 페트라르크의 연애시 전통을 의식적으로 거부하는 시들도 다수 있다. ABAB-CDCD-EFEF- GG형태의 각운을 가진 셰익스피어의 소네트 형식은 영국 소네트 형식이라고 흔히 일컬어진다.

*존 던(John Donne: 1572-1631)

런던에서 출생한 던은 갈등과 고뇌, 그리고 문란한 애정행각으로 점철된 방황의 젊은 시절을 끝내고 마침내 자의 반 타의 반으로 런던의 세인트 폴 대성당 수석 사제직에 올라 당대 최고의 설교자로서 인기를 누리다 생을 마친 특이한 이력을 가진 시인이다. '형이상학적인 시'라고 흔히 표현되는 그의 시 역시 그의 삶과 마찬가지로 파격적이고 일탈적이다. 던의 시를 형이상학적이라는 용어를 처음 사용하며 비판했던 인물은 17세기 말 영국 왕정복고시대 대표적 시인이자 극작가였던 존 드라이든이었다. 그가 던의 시를 비난한 주된 이유는 던이 형이상학적 궤변을 흉내 낸 시를 지어 여성들을 유혹한다고 생각했기 때문이다. 그러나 영문학사에서 던은 형이상학파 시의 대부로서 중요한 위치를 차지하고 있을 뿐만 아니라, 엘리엇 (T.S. Eliot)을 포함한 다수의 20세기 대표적 시인들로부터 찬사를 받기도 한 시인이다. 던의 형이상학적 시는 스펜서, 셰익스피어와 같은 엘리자베스 왕조 시대 시인들의 시와 차별화된다. 첫째, 던은 대부분의 시에서 단음절 단어를 사용한 남성적 운율로 의식적으로 엘리스자베스 시대 시인들의 정형화된 우아하고 조화로운 운율을 파괴하려 한다. 둘째, 그의 시는 여성을 이상화하고 남녀 간의 사랑을 순수하고 정신적인 것으로 노래하는 종래 페트라르카 풍의 연애

시 전통에서 탈피하여 감각에 기초한 관능적 사랑을 이야기한다. 그의 시 「내 마음을 치소서」(Batter my heart)에서 던은 사랑의 행위를 폭력적이고 성적인 언어로 묘사한다. 셋째, 형이상학적 시의 가장 두드러진 특징은 기이한 발상을 사용한다는 점이다. 이것은 표면적으로는 전혀 유사성이 없는 두 개의 이미지를 과장법과 과격하고 기이한 논리로 그 둘 사이의 유사성을 드러내기 위한 기법이다. 「이별의 말 - 애도를 금하며」에서 두 연인을 컴퍼스의 두 다리로 비유한 것이 좋은 예가 된다. 끝으로 그의 시의 특징은 드라마틱하고 역설적이다. 「내 마음을 치소서」에서 "당신의 노예가 되지 않는 한, 결코 자유롭지 못하며 / 당신에게 겁탈당하지 않는 한, 순결하지 못할 것입니다"라고 한 마지막 대목은 형이상학적인 시가 얼마나 역설적이며 관능적인지를 분명하게 보여준다. 이 부분에서 우리는 또한 던이 세속과 종교의 두 경계를 쉽게 넘나드는 시인임을 알 수 있다. 이 시에서 삼위일체의 존재로 인격화 된(three personed God) 신을 기독교의 유일한 신이 아닌 세속적으로 사랑하는 여인으로 해석할 수 있고, 시에 나타난 시적 화자를 한 여인에 대한 죄의식으로 가득한 남성으로 읽어도 의미가 연결됨을 알 수 있다.

*로버트 헤릭(Robert Herrick Robert Herrick : 1591-1674)

헤릭은 런던에서 출생하여 케임브리지대학을 졸업했으며, 고전주의적 전통의 시인 밴 존슨(Ben Jonson)의 계보에 속하는 왕당파(cavalier) 시인이다. 그래서 그가 써서 발표한 다수의 시는 라틴 문학의 고전적 경향을 담고 있다. 헤릭은 성직자였으나, 찰스 1세를 지지한 왕당파였던 탓에 청교도 혁명 세력에 의해 국왕 찰스 1세가 처형되고 크롬웰이 이끄는 공화국이 출범하자 성직에서 파면되었다. 그는 죽은 왕 찰스 1세의 아들 찰스 2세가 귀양지 프랑스에서 돌아와 다시 왕권을 되찾은 후 복직되었다. 그의 시 「처녀들에게 - 허송세월 보내지 마세요」

는 시간이 순식간에 흘러가듯 청춘도 쏜살 같이 사라지므로 "지금의 순간을 즐기라"(carpe diem)는 오래 된 주제를 되풀이하는 것이다. 헤릭의 이러한 시는 존 던(John Donne)이나 마블(Andrew Marvell)과 같은 형이상학파 시인들이 쓴 유혹시에서 발견되는 기발한 발상과 형식을 깨뜨리는 파격미에 매료된 당시의 독자들에게는 다소 진부한 것이었다. 그럼에도 불구하고 이 시는 벤 존슨의 시처럼 궁정문학의 세련미와 고전적인 시풍에서 발견되는 절제된 우아함과 균형미를 보여준다. 폭정으로 민심을 잃은 찰스 1세에 대한 깊어진 갈등으로 인해 1642년 청교도들의 주도로 청교도 혁명이 발발하고, 이어 혁명군에 의해 찰스 I세가 처형당하자 정치적으로 패한 다수의 왕당파 시인들은 낙향하여 전원생활의 여유로움과 인생의 허망함을 시로 표현했다. 헤릭의 유혹시 역시 표면적으로는 퇴폐적인 쾌락주의를 조장하고 있지만 그 저변에는 정치적인 몰락으로 인한 시인의 박탈감과 생의 무상함에서 비롯된 체념 섞인 패배주의가 자리 잡고 있다고 볼 수 있다. 헤릭은 유혹시를 여러 편 썼지만 정작 본인은 결혼하지 않고 평생을 독신으로 살았다. 그의 시에 등장하는 여성은 대부분 허구적인 인물이다.

*존 밀턴 (John Milton : 1608-1674)

런던의 유복한 집안에서 태어난 존 밀턴은 유년시절부터 대시인이 되겠다는 포부를 가지고 있었다. 그의 문학적 재능은 케임브리지 대학시절부터 나타나기 시작했으며, 대학 졸업 후에는 런던 교외에서 홀로 살며 고전문학을 공부하고 습작하면서 문학적 소양을 쌓았다. 그러나 독실한 청교도였던 밀턴은 1642 년 청교도 혁명이 발발하자 시창작을 거의 중단하고 내란에 적극적으로 가담했다. 당시 국왕이었던 찰스 1세의 처형으로 내란이 종결된 후, 밀턴은 크롬웰(Oliver Cromwell)이 이끄는 공화국의 외무부장관에 임명됐다. 이 후 밀턴은 문학적인 글 보다는 정치 사회적 쟁점을 다룬 산문을 많이 발표했다. 크롬웰이 사망한 2년 후인 1660년 공화국이 막을 내리자 밀턴은 과거 정치적 경력 때문에 체포되어 거의 사형을 당할 위기에 처했으나 구사일생 친구의 도움으로 죽음을 면했다. 이러한 정치적 불운을 겪은 밀턴에게 실명이라는 또 다른 치명적인 불운이 겹쳤다. 그러나 밀턴은 거듭된 역경에도 불구하고 특유의 불굴의 의지와 다시 불붙은 창작욕으로 『읽어버린 낙원』(Paradise Lost)을 비롯한 다수의 걸작을 남김으로써 영국의 위대한 시인이 되겠다던 오랜 숙원을 이루었다. 시인으로서의 밀턴의 위대성은 아무래도 『읽어버린 낙원』(Paradise Lost)과 같은 대작을 읽어야만 제대로 파악 할 수 있다. 본 『시선집』에 소개된 그의 시 「시간이 나의 스무세 해를 훔쳐가」 (How soon hath Time)는 자신의 부족함에 대하여 자책하는 23세의 청년 밀턴의 강한 자의식과 더불어 신의 섭리로부터 위안을 찾으려는 그의 종교적 성향을 동시에 보여준다. 이 시는 또한 목적을 향하여 달음질하는 젊음에게는 언제나 초조함과 자기 성찰이 뒤따름을 암시한다. 시의 마지막 행에서 밀턴은 절대자인 신을 "소명을 부여하신 그분" (taskmaster)이라고 표현하고 있다. 밀턴은 개인적인 불운과 시련을 딛고 일어서 고전문학 형식과 종교적 주제를 결합한 다수의 걸작을 세상에 남김으로서 그 "taskmaster"가 부여한 소명을 철저히 완수한 시인이다.

*앤드류 마블 (Andrew Marvell : 1621-1678)

마블은 캠브리지 출신으로, 1657년 말기 당시 라틴어 외무 장관이었던 밀턴의 부관으로써 크롬웰이 이끄는 공화국에 협력한 경력이 있는 시인이자 정치가였다. 마블은 찰스 1세의 처형을 동조하고 공화국을 위해 헌신한 죄로 1660년 왕정이 복구된 후 체포되어 사형을 선고 받은 밀턴을 변호해 구명하기도 했으나, 시인으로서 그는 밀턴과는 전혀 다른 시풍을 추구했다. 마블은 존 던의 시풍을 이어받은 형이상학파 시인이다. 그러나 그의 시세계는 형이상학적 시라는 말로는 완전히 설명하기 어렵다. 그 이유는 그의 대표적 시, 「수줍어하는 여인에게」(To His Coy Mistress)에서 잘 드러나듯이 그의 시에는 형이상학적 시인들의 활달하고도 기발한 발상과 왕당파의 시인들의 정교하고도 우아한 형식미가 함께 자연스럽게 어우러져 있기 때문이다. 마블의 "수줍어하는 여인에게"는 영문학에서 가장 유명한 유혹시다. 앞서 존 던의 형이상학적 시를 설명하면서 언급한 바와 같이 형이상학파 시인들은 삼단 논법, 과장법을 동원하여 그들의 복잡하고 기이한 아이디어를 논리 정연하고도 과감하게 전개한다. 따라서 우리는 그의 시를 읽을 때 시인이 무슨 말을 하는지와 어떻게 말하는지를 동시에 주목할 필요가 있다. "수줍어하는 여인에게"는 현재를 즐기라 (carpe diem)라는 향락적인 주제를 되풀이하는 유혹시이지만, 결코 이 시에서는 저속함이나 경박함이 느껴지지 않는다. 오히려 이 시의 "등 뒤에는 날개 단 시간의 수레가 쫓아오고 / 눈 앞 저 먼 곳에서는 영겁의 사막이 놓여있다" 라는 표현에서, 그리고 "인도의 갠지스 강"과 그 곳으로부터 수만리 떨어진 "험버강"을 가로 지르고, "노아의 홍수로"부터 "유대인들의 개종"까지 아득한 과거와 미래의 시간을 넘나드는 시인의 웅대한 상상력과 호쾌한 기상에서, 그의 시를 읽는 이들은 일종의 해방감을 느낄 수 있다.

*알렉산더 포프(Alexander pope: 1688-1744)

런던 출신인 포프는 선천적으로 신체적 장애를 가지고 태어났다. 그는 또한 당시 영국 내에서 핍박과 차별을 받던 가톨릭 신자였기 때문에 정규교육의 혜택을 받을 수 없었을 뿐 만 아니라, 공직에도 진출 할 수 없었다. 포프는 독학으로 라틴어를 배우고 고전문학을 섭렵하며 유년기부터 가졌던 위대한 시인이 되겠다는 꿈을 키워야 했다. 일생을 독신으로 문학에만 전념했던 포프는 18세기 신고전주의 시대 영국의 대표적 시인이다. 그는 고전문학을 번역하여 명성과 부를 얻었으며, 궁정이나 귀족의 후원 없이 최초의 전업 문인으로서 당대에 다른 시인들에게 큰 영향을 주었다. 포프가 속한 18세기에는 시문학이 주류가 아니었다. 이 시대는 산문과 풍자적인 글이 범람하던 시대였다. 포프를 일약 유명한 시인으로 만든 것도 귀족사회 남녀간의 불화를 주제로 한 그의 대표작 「머리채 강탈」(The Rape of a Lock)을 비롯한 많은 풍자적 장편시였다. 그의 서정적인 단시 「고독에게 부치는 노래」(Ode on Solitude)는 포프에게 있어서 예외적이다. 이 시는 그가 9세 또는 12세에 쓴 시라는 설이 있다. 이 시는 얼핏 보면 도시의 번잡함을 피해 자연과 더불어 전원적이며 소박한 삶을 예찬 한다는 점에서 19세기의 낭만주의 시인들의 자연시를 떠올리게 한다. 그러나 "소떼 길러 우유를, 논밭에서 양식을 얻고,/입을 옷을 제공하는 양떼와,/나무들은 여름에 그늘을,/겨울엔 땔감을 주네"와 같은 자연의 묘사가 보여 주듯이 시에서 자연은 인간과의 진정한 교감의 대상이 아니라 단순히 생필품을 제공해주는 어떤 유용한 대상으로만 머물고 있음을 알 수 있다. 포프가 활동했던 18세기의 지배적인 문학 조류는 신고전주의였다. 1700년대부터 포프가 사망한 18세기 중엽까지 이어졌던 신고전주의는 지나치게 고전문학의 규율을 엄수할 것을 강조하고 시에서 질서, 조화, 균형 그리고 절제를 중요한 기준으로 삼았다. 따라서 신고전주의시대의 시는 형식적으로 정확하고 세련되었지만, 이전의 르네상스 시대의 시에서 발견되는 열정과 우아함이 결여된 건조하고 인위적인 느낌을 준다.

*19세기 영국의 낭만주의와 낭만주의 시인들

블레이크 (William Blake), 워즈워드,(William Wordsworth), 바이런(George Gordon Byron), 셸리(Percy Shelley), 그리고 키츠(John

Keats)는 영국 문학의 낭만주의시대를 대표하는 시인들이다. 미국 문학의 경우 이 책에서 소개된 미국 시인들 (필립 프리노, 윌리엄 컬런 브라이언트, 에드거 알랜 포, 월트 휘트만, 에밀리 디킨슨)은 모두 낭만주의 시대의 특징을 보여주고 있다. 영국에서 낭만주의는 18세기 말엽에 시작되어 19세기 초까지 그 열풍이 이어졌다. 영국의 낭만주의는 블레이크를 비롯한 일부 18세기 시인들의 시에서 그 전조가 나타났으며, 그것이 새로운 문예사조로서 그리고 시창작의 원리로서 본격적으로 그 영향력을 행사하기 시작한 것은 1798년 윌리엄 워즈워드와 사무엘 코울리지가 『서정 민요집』(Lyrical Ballads)을 발표한 이후이다.

이전의 18세기 문학이 신고전주의적인 경향을 띠면서 시인들에게 시 창작 과정에서 시인의 감정이나 개성의 절제를 요구했던데 반해 낭만주의는 시인이 기존의 시적 원리와 인식론 적 틀에서 해방되어 감정과 개성을 자유롭게 표출하는 것을 중요시 했다. 이런 점에서 볼 때 시인들의 개성과 주관적 감성의 표출을 근본으로 삼는 낭만주의가 한마디로 정의내리기 힘든 다양한 특징을 가지고 있다는 것은 당연한 것이다. 낭만주의의 특징들을 간략하게 나열해보면 다음과 같다. 낭만주의 시인들은 자연에 대해 무관심했던 이전 시대의 시인들과는 달리, 자연에 대한 새로운 인식과 감수성을 드러낸다. 낭만주의는 또한 억제된 이성과 합리성에 기초한 보편성과 합리성을 강조한 18세기의 신고전주의적 성향과는 대조적으로 개인의 감성, 개성과 같은 개별성, 심지어 기이한 것을 추구하고 높이 평가하는 경향까지 보여준다. 18세기 시인들이 도시적이고 세련된 문명 지향적이었다면, 낭만주의 시인들은 현실세계를 도피해야 할 대상으로 여기고 자연으로의 회귀를 갈망한다. 낭만주의자들이 동경하는 또 다른 세계는 시간과 공간적으로 먼 미래 또는 중세나 고대 그리스, 로마로 거슬러가는 아주 먼 과거이다. 그러므로 낭만주의 시인들은 메마른 이성보다 감성과 상상력 그리고 직관을 보다 중시한다. 어떤 낭만주의자들은 신비주의적 경향을 보이기도 한다. 낭만주의 시인들은 압제와 권위주의를 배격하고 사회에서 소외되고 주변화 된 사회약자들을 동정한다. 워즈워드와 같은 낭만주의 시인은 고전주의자들의 고상한 시어를 고집하지 않고 일상생활에서 평범한 사람들이 사용하는 언어와 단어를 시어로 사용한다. 그러나 위와 같은 낭만주의 시인과 시의 특징들이 모든 낭만주의 시인들에게 적용되는 것은 아니다.

*윌리엄 블레이크(William Blake :1757-1827)

블레이크(William Blake: 1757-1827)는 영국의 낭만주의 선구자이다. 런던에서 출생한 블레이크는 유년 시절 왕립미술학교에서 판화를 공부하다가 문학에 심취하여 시를 쓰기 시작했다. 그의 첫 시집 『시적 스케치』(Poetical Sketches)에서 그 당시의 신고전주의적 경향에 대해 블레이크가 얼마나 강하게 반발하고 있는지 알 수 있다. 그는 어린 시절 창문 밖 나뭇가지 위에 앉아 있는 천사를 보았다는 환상가이자 신비주의자였다. 그의 신비주의적 비전은 그의 후기 시작품에서 잘 드러난다. 시인으로서의 블레이크가 널리 알려지게 된 것은 그가 어린이의 관점에서 쓴 문명 비판적 시들로 구성된 시모음집『순수의 노래』(Songs of Innocence)와 『경험의 노래』(Sons of Experience)를 발표한 이후부터다. 『런던』(London)과 『굴뚝 청소부』(The Chimney Sweeper)는 『경험의 노래』에 포함 된 시들이다. 이 시에서 묘사된 영국의 수도 런던은 이성의 쇠사슬에서 벗어나 자연과 더불어 순수하고 자유로운 공상의 세계를 꿈꾸던 블레이크에게 있어서는 억압과 고통의 상징이었다. 그러나 이 시 8행에서 시인은 사람들을 고통과 번뇌의 근본 원인이 런던이라는 도시라기보다 "마음이 빚어 낸 쇠사슬"(The mind-forged manacles)임을 암시한다. 런던이라는 문명 세계에 거주하는 모든 이들의 절규 속에서 시인의 귀에 들리는 "마음이 빚어 낸 쇠사슬" 소리의 출처가 어디인가에 대해서는 여러 가지 추측을 할 수 있다. 그것이 런던의 도로 통행

권과 심지어 자연의 하나인 템즈강을 건너는 자유와 권한마저도 관제화되고 소수 특권층의 전유물로 만든 집권자들의 마음을 지배하고 있는 억압적인 이성일 수도 있으며 당시의 제도화된 교회의 권위주의가 될 수도 있다. 『굴뚝 청소부』에서도 블레이크는 열악한 노동현장으로 던져진 채 착취당하고 있는 어린 노동자에게 연민을 표현함과 동시에 그들을 못 본체 하는 제도화된 교회의 무감각이나 산업혁명이 가져다준 해악을 비판하고 있다. 이러한 이유로 블레이크를 근대 시민사회의 저항정신을 표출한 최초의 시인이라고 평가한다.

*윌리엄 워즈워드 (William Wordsworth : 1770-1850)

워즈워드는 호수와 산으로 풍광이 매우 아름다운 영국 북부 컴버랜드(Cumberland)의 코커모쓰(Cockermouth)에서 출생했다. 그는 젊은 시절 프랑스 혁명을 직접 목격하면서 환희와 절망을 동시에 느낀 후 한동안 방황하던 중 어느 지인으로부터 앞으로 남은 생을 시 쓰는 일에만 전념한다는 조건으로 막대한 유산을 상속 받아 일생을 시만 쓰면서 살다간 시인이다. 워즈워드는 코울리지(Samuel Taylor Coleridge)와 더불어 1798년 『민요서정집』(Lyrical Ballads)을 출간함으로써 영국문학의 흐름에 본격적인 낭만주의 시대가 도래했음을 선언한 시인이다. 워즈워스는 자연에 관련된 시를 쓴 시인으로 유명하다. 워즈워드에게 있어서 인간은 자연과 별개의 존재가 아니라 자연의 일부분이었다. 그의 많은 자연 시에서 시골 농부나 평범한 사람들, 그리고 어린아이들이 소재로 자주 등장하는 이유도 산업화된 도시 문명에 때 묻지 않고 자연과 함께 살아가는 그들로부터 순수한 자연의 흔적을 발견 할 수 있다고 여겼기 때문이다. 「나는 구름처럼 외로이 떠돌았네」(I Wandered Lonely as a Cloud) 혹은 「수선화」(Daffodils)라고도 불리는 이 시는 시인이 1802년 산책길에서 우연히 호수 가에 한 무리의 수선화가 피어 있는 것을 보고 영감을 받아 쓴 시이다. 이 시에서 주목 할 부분은 후반부다. 이 부분에서 시인은 처음 수선화 무리를 보았을 당시에는 어떤 특별한 감흥을 느끼지 않았지만 시간이 지난 후 고요한 명상 속에서 마음의 눈으로 그 수선화들이 피어난 것을 보고 함께 기뻐 춤추었다 한다. 워즈워드의 자연 시는 자연의 아름다움을 예찬하는 것으로 끝나지 않는다. 그는 자연과의 교감으로부터 나오는 자신의 영혼 또는 내면의 소리를 독자들에게 전달해준다. 그러나 이러한 자연과의 교감은 마음의 눈을 가질 때 가능하다. 시인은 마음의 눈을 "고독이 내린 축복"((Bliss of solitude)이라고 표현한다. 워즈워드의 다른 시 「우리는 세속에 너무 물들어」(The World Is Too Much with Us)는 "고독이 내린 축복"을 가로막는 당대의 자연과 동떨어진 현실에 대한 시인의 비판적인 반응이다.

*조지 고든 바이런 (George Gordon, Lord Byron : 1788-1824)

런던 출신 바이런은 셸리 그리고 키츠와 더불어 후기 낭만주의 시대를 화려하게 장식한 시인이다. 그는 수려한 외모를 가진 귀족 출신이었지만 한쪽 다리가 불구였기 때문에 귀족으로서의 자긍심과 신체적인 열등감을 동시에 가졌다고 한다. 그는 1816년 부도덕한 연애 사건으로 추문에 휩쓸리게 되자 "영국이 나에게 맞지 않거나 내가 영국에 맞지 않다"는 독설을 남기고 조국인 영국을 영원히 떠난 뒤 유럽 각지를 떠돌며 많은 시를 발표함과 동시에 숱한 여인들과 염문을 뿌렸다. 그는 그리스의 독립을 도우려고 전쟁에 참전했다가 열사병으로 35세에 요절했다. 바이런의 사생활은 동시대인들을 경악하게 했지만, 그의 시는 폭발적 인기와 더불어 영향력을 발휘했다. 특히 유럽에서 그러했다. 바이런은 기존의 인습과 전통에 반항하고 기존 질서를 파괴하는데 열정을 다 바친 시인이다. 따라서 그의 시는 대부분 냉소적이고 우상 파괴적이다. 이러한 바이런의 시의 특징은 그를 하루아침에 일약 유명인사로 만들었던

『차일드 헤롤드공의 순례』(Child Harold' Pilgrimage)나 마지막 걸작 『돈 주앙』(Don Juan) 과 같은 장시에서 보다 잘 드러난다. 그러나 「시용성에 부치는 노래」(Ode on the Castle of Chillon)와 같은 짧은 시에서도 자유의 투사였던 바이런의 정신이 드러난다. 스위스의 시용성은 스위스의 애국자이며 자유의 투사였던 프랑수아 보니바르 (Francois Bob-Nivard 1493-1570)가 폭군의 압제에 항거하다가 투옥되어 6년간 성의 지하 감옥에서 옥고를 치른 곳이다. 이 시에서 바이런은 자유와 정의의 투사로서의 자신의 모습을 보니바르에게 투영하고 있다고 볼 수 있다. 「우리 둘이 헤어질 때」(When We Two Parted) 역시 바이런 자신 개인사의 한 부분이 시로 기록된 것이다. 우수의 정서가 흐르고 있는 이 서정시는 바이런이 한 때 사랑했던 귀족 부인 프란세스 웹스터(Lady Frances Webster)와 웰링턴(Wellington)공작의 불륜관계와 연관된 시이다. 과거 눈물 흘리며 헤어졌던 한 여인과 재회한다는 부푼 마음으로 긴 방황을 마치고 되돌아 왔지만, 그 여인 이미 변심을 하고 다른 남자와의 불명예스러운 추문에 주인공이 되어있다는 이야기다. 「우리 이제 더 이상 헤매지 말자」(So, we'll go no more a roving)는 바이런이 29세에 쓴 작품이다. 이 시에서 그는 불안정하고 방황하는 젊음에서 오는 피로감과 지친 심경을 토로하고 있다. 이 작품을 쓰기 이전 바이런은 한 친구에게 보낸 편지에서 "나는 지금 병든 정치권력(regime)과 같다.. 아직 모든 것을 탕진하진 않았지만 칼이 칼집을 갉아먹는 느낌이다 "라는 유명한 표현을 쓴 적이 있다.

*퍼시 셸리 (Percy Bysshe Shelley: 1792-1822)

잉글랜드 필드플레이스의 귀족 가문에서 출생한 셸리는 영국 낭만파 중에서 가장 이상주의적인 경향과 비전을 가진 시인이었다. 작품이나 생애가 압제와 인습에 대한 반항, 이상주의적인 사랑과 자유의 동경으로 일관하여 바이런과 함께 낭만주의 시대의 가장 인기 있는 작가였다. 바이런이 인간에 대한 경멸과 삶에 대한 회의를 신랄하고도 냉소적인 언어로 표출한 시인이라면 셸리는 신념과 희망을 노래한 긍정적이고 건설적인 시인이다. 일생 시로써 세상의 구조적인 악에 대항하다가 30세의 생일을 맞기도 전에 세상을 떠난 셸리는 낭만주의 시인들 중 가장 프로메테우스적인 존재였다. 그는 사회의 악을 타도하고 형제애를 바탕으로 인류의 완전한 자유를 구현하기 위한 비전을 시로써 제시하고자 했다. 「서풍에게」에서도 그러한 시인의 열망이 드러난다. 이 시는 '겨울이 오면 봄이 어찌 멀었으랴'라는 마지막 구절로 더 유명하다. 셸리는 이 시에서 서풍에게 자신의 자유주의 사상을 온 누리, 전 인류에게 퍼뜨려 줄 것을 호소한다. 「서풍에게」는 인류에게 희망의 바람을 불어넣고 이상적인 미래를 열어주는 '인정받지 못한 입법자(unacknowledged legislators)'로서의 시인 셸리 자신의 사명의식을 거센 서풍의 이미지를 통해 확인하는 시다. 「서풍에게」는 서풍이 죽은 것들을 다시 살아 숨쉬게 하는 봄을 불러오듯이, 자신의 시 또한 인간을 억압의 굴레로부터 해방 시키고, 진정한 자유를 누릴 수 있는 이상적인 세상을 만들어 주리라는 시인의 신념을 담고 있는 시다.

*존 키츠 (John Keats: 1795-1821)

런던에서 마차 대여업자의 아들로 태어난 키츠는 5대 낭만주의 시인들 (워즈워드, 코울리지, 바이런, 셸리) 중 가장 마지막에 출생하여 25세의 나이로 가장 일찍 생을 마친 시인이다. 그는 15세 때 양친을 잃고 고아가 되자 클라크 사숙(私塾)을 졸업한 후 가정교사와 외과 병원에서 견습생 일을 하며 생계를 유지했다. 키츠는 외과 의사 자격시험에 합격하였으나 의사가 되기를 포기하고 주변의 권유에 힘입어 유년 시절부터 꿈꾸었던 시인의 길을 선택했다. 그는 22세에 첫 시집을 출판했다. 「그리스 항아리에게 바치는 노래」(Ode to The Grecian Urn)는 키츠 자신이 보았던 대영제국 박물관에 전시된 그리스의 유물들과, 친구이자 화가인 벤자민 해이던(Benjamin Hayden)의 미학 이론에 영감을 받아 쓴 시이다. 해이던은 라파엘과 미켈란젤로의 조각 작품에 대한 그의 평론에서 그가 본 조각상들은 시간으로부터 자유로워졌기에 결코 늙지 않고 지상의 모든 번뇌로부터 해방 된 부동의 고요함을 지니고 있다고 언급 한 적이 있다. 해이던의 이러한 생각은 키츠의 「그리스 항아리에게 바치는 노래 」에서 최고의 시적인 표현을 얻게 된다. 그리스 항아리 속의 아름다운 처녀는 입맞춤하려는 연인의 손에 영원히 잡히지 않는다. 예술이라는 절대적 무시간의 세계 안에서 그녀는 영원히 늙지 않고 그 아름다움을 간직하게 된다. 키츠는 그리스 항아리나 대리석 조각상과 같은 예술품들은 흙과 돌과 같이 소리 없는 것들로부터 빗어진 "침묵의 양자들"(foster child of silence)이라고 표현한다. 그는 바이런이나 셸리처럼 시를 통하여 세상의 부당함에 대하여 소리치고 분노하거나 그것을 변화시키려 하지 않았다. "아름다움이 곧 진리며 진리는 아름다움"이라는 이 시의 마지막 부분에서 키츠는 그의 유미주의적인 성향을 분명하게 드러낸다. 「빛나는 별이여」(Bright star! would I were steadfast as thou art) 에서 키츠는 그의 순수하고 섬세한 시적 감수성으로 독자들의 정신 또는 이성이 아니라 감각에 직접 호소한다.

*엘리자베스 바렛 브라우닝(Elizabeth Barrett Browning: 1801-1861)

엘리자베스 바렛 브라우닝은 부모의 반대에도 무릅쓰고 6살 연하 시인 로버트 브라우닝과 결혼한 후 이탈리아로 도피하여 여생을 그와 함께 시를 쓰며 살다간 영국의 대표적 여성 시인이다. 12세 때부터 서사시를 쓸 정도로 뛰어난 시적 재능을 보인 그녀는 브라우닝과 결혼하기 전 이미 촉망 받은 여류 시인으로서 알려져 있었다. 어릴 때부터 지병에 시

달리면서도 시 창작에 열중했던 엘리자베스는 결혼 후에도 남편인 로버트 브라우닝의 적극적인 도움으로 보다 왕성한 시작 활동을 할 수 있었다. 그녀의 「사랑해야만 한다면」(If Thou Must Love Me)과 「당신을 얼마나 사랑하느냐고요?」(How Do I Love Thee?)는 『포르투갈 사람으로부터 온 소네트』(Sonnets from the Portuguese:1850)라는 제목의 소네트연작시집에 포함된 그녀의 대표적인 연애 시이다. 44편의 소네트로 구성된 이 소네트연작시집에 포함된 작품들은 엘리자베스 바렛이 로버트 브라우닝과 깊은 사랑에 빠졌던 시기인 1845부터 1846년 사이에 쓴 시들이다. 처음에는 시의 내용이 너무 사적이라며 엘리자베스가 출판하기를 거부했지만 남편 로버트 브라우닝은 셰익스피어 이래 쓰여진 어떤 연애시보다 훌륭하다며 그녀의 시를 격찬하고 설득한 끝에 『포르투갈 사람으로부터 온 소네트』라는 가명을 사용하여 출판하게 되었다. 포르투갈 인이란 호칭은 로버트 브라우닝이 그녀를 부를 때 사용한 애칭이었다. 「사랑해야만 한다면」면에서 엘리자베스는 6살이나 연상이며 신체적인 장애를 가진 자신을 사랑한다는 브라우닝의 진정성에 대하여 의문을 표시한다. 이 시에서 그녀는 사랑은 무조건적이어야 한다는 점을 강조하고 있다. 「당신을 얼마나 사랑하느냐고요?」는 로버트 브라우닝에 대한 그녀의 사랑이 얼마나 깊고 넓은 지를 자문하고 대답하는 내용이다. 시의 마지막 부분에서 엘리자베스는 죽음 이후까지도 그를 사랑 할 것이란 말로 그에 대한 그녀의 사랑이 절대적임을 밝히고 로버트 브라우닝의 청혼을 받아들일 것임을 암시한다.

*알프레드 테니슨 (Alfred Tennyson: 1809-1892)

테니슨은 윌리엄 워즈워드가 사망한 후 그의 계관시인의 자리를 계승한 빅토리아 시대 최고의 시인이었다. 영국의 어느 시골에서 목사의 아들로 태어난 테니슨은 캠브리지(Cambridge) 대학 재학 시절부터 이미

비범한 젊은 시인으로 찬사를 받았다. 테니슨이 시인으로서 절정기를 맞이한 것은 그가 워즈워드의 사망으로 공석이 된 계관시인의 자리를 승계하고 그의 대표작이라고 할 수 있는 『사우보』(In memoriam)를 출판했던 1850년이다. 테니슨은 이상적인 세상을 노래하던 다소 들뜬 목소리의 셸리나, 격한 감정으로 기존 질서에 반항하고 분개하는 바이런보다는 오히려 키츠처럼 안정과 조화가 깃든 시를 썼다. 빅토리아 시대를 대변하는 테니슨은 그의 시에 종교적인 신념과 확산되는 과학적 지식 사이에서 갈등하던 동시대 문인들의 공통된 관심사와 갈등을 반영하였다. 그러나 테니슨에게도 자신의 감정에 젖은 감상주의적이고 교훈적인 말로 독자들을 가르치려는 경향이 없었던 것은 아니다. 하지만 그의 도덕론이나 가르침의 내용은 진부할 정도로 보편적이고 건전한 것이었다. 그의 시 「떡갈나무」와 「항해하는 젊은이」에서 테니슨이 전하려는 메시지는 분명하다. 참나무나 항해하는 젊은이처럼 생의 제 문제들을 회피하거나, 인생의 여정에서 직면하게 되는 불확실성과 시련에 위축되거나 굴복하지 말고 신념과 용기를 가지고 인내하고 도전하라는 것이다. 이러한 삶의 태도를 강조하는 국민시인 테니슨의 목소리는 그의 시대가 요구하는 것이었고 그 시대의 독자들 또한 듣고 싶어 하는 것이었을지 모른다. 테니슨 시에서 자주 등장하는 바다는 섬 민족 영국인들에게는 수세기에 걸쳐 진취성과 모험심을 상징하는 공간이었다. 떡갈나무 역시 극기심을 중요한 미덕으로 생각하는 영국인의 이미지와 연속성을 가진다. 계관시인이었던 테니슨이 그의 많은 작품에서 호르메스(Homer)의 율리시즈(Ulysses)나, 아서왕(King Arthur)과 같은 영웅적 인물들을 중심적 주제로 설정하고 있는 것도 같은 맥락으로 설명할 수 있을 것이다.

*로버트 브라우닝 (Robert Browning: 1812-1889)

런던 출신의 브라우닝은 테니슨과 더불어 빅토리아조(朝)를 대표하는 시인이다. 유복한 집안에서 태어난 그는 일찍부터 시인으로서의 천재적인 재능을 보였다. 계관 시인이었던 테니슨이 기존의 질서에 편입된 시인이라면 시인으로서 그리고 한 자연인으로서 브라우닝의 삶은 일탈과 독보적인 것이었다. 원래 브라우닝은 연애시보다 서사체의 장시, 극적인 독백체등 다양한 형태의 실험적 시를 쓴 시인이었다. 그는 테니슨이나 엘리자베스 바렛 브라우닝과는 달리 초기에는 널리 알려진 시인이 아니었다. 그러나 엘리자베스 바렛과의 세기적인 연애사건과 그녀와의 낭만적인 비밀 결혼은 그에게 일약 뛰어난 낭만적 연애시를 쓰는 시인이라는 명성을 가져다주었다. 브라우닝은 생에 대한 충만한 열정으로 사랑과 생을 찬미하는 낙천적이고 역동적인 시인이다. 브라우닝에게 있어서 사랑은 단순히 남녀 간의 정신적, 육체적인 교류 이상이었다. 그에게 있어서 사랑의 행위는 인간의 영혼이 신을 이해하는 유일한 방편이었다. 51편의 시로 구성된 그의 시집『남과 여』에 포함되어있는「한 평생 사랑」과「생활 속의 사랑」은 사랑에 빠진 화자가 사랑하는 아내와의 결혼 생활에서 경험하는 복잡 미묘한 심리와 갈등을, 상대방을 의식하면서 진행하는 극적인 독백형식으로 드러내는 시들이다. 이 두 시에서 화자는 사랑이 자신에게 좌절과 불안을 초래할지라도 그것이 그에게 "생명을 지탱해주는" 것이기에 결코 포기할 수 없다는 병적인 수준의 집착과 연애지상주의적인 태도를 동시에 드러낸다.

*매튜 아놀드 (Matthew Arnold: 1822-1888)

아놀드는 영국의 명문사학 Rugby 학교 교장의 장남으로 태어나 경건하고 근엄한 교육을 받았다. 그는 옥스퍼드 대학을 졸업하고 오랜 기간 동안 공립학교 장학관으로 재직한 후, 옥스퍼드 대학의 시학교수가 되어 시창작 및 문예비평과 관련된 저술을 했다. 아놀드는 사회적인 문제들에 대하여 비판하고 독자들에게 가르침을 주는 현자 문필가(sage writer)로 알려졌다. 오늘날 아놀드는 테니슨과 브라우닝에 버금가는 빅토리아조의 대표적 시인으로 평가된다. 아놀드의 대표작 「도버 비치」(Dover Beach)의 창작연도는 그가 도버 해협으로 신혼여행을 갔던 1851년으로 추정된다. 이 시에서 화자는 우울하고 환멸에 찬 시선으로 달빛 비치는 도버해안으로 소리 없이 밀려왔다가 퇴각하는 파도를 바라보며 그가 속한 빅토리아시대의 종교적 불안과 혼탁하고 절망적인 현실을 떠올린다. 시인은 또한 이 시에서 한때 가득하게 넘실거리던 "신념의 바다가 썰물이 되어 사라지는 모습, 즉 신앙의 퇴조와 더불어 혼탁하고 불안해진 빅토리아시대의 현실을 뛰어난 청각적 시각적 이미지와 서정적인 장중한 문체로 형상화하고 있다. 「도버 비치」 전반부에서 느낄 수 있는 지배적인 정서는 암울하고 절망적인 분위기이다. 그러나 시의 중반부에서 화자는 그리스의 3대 비극시인의 한사람인 소포클레스(Sophocles, BC 496 ~ BC 406)를 떠올리며 그가 그의 시대가 겪는 비극적인 현실이 특별히 새로운 것이 아니라는 인식을 보여준다. 따라서 시의 마지막 부분에서 시적화자는 적군이 누군지도 모르고 마구잡이로 총질하는 소리가 밤새 들리는, 혼탁하고 절망적인 어두운 현실이지만 그것을 극복할 수 있다는 일말의 희망을 이야기한다. 그는 그것을 서로가 진실해지는 것이라고 말한다. 아놀드는 시는 인생의 비평이기에 철학을 표현해야 한다고 생각했던 시인이다. 그는 또한 「도버 비치」에서 절제된 감정과 서정적인 자연 묘사로 진정한 행복은 의미 없는 인생의 혼탁함에서 벗어나 우리들 자신의 내면에서 찾아야 한다는 것을 말하고 있다.

*크리스티나 로제티 (Christina Rossetti: 1830-1894)

크리스티나 로제티는 시인이며 화가로 널리 알려진 단테 로제티의 여동생이었다. 그녀는 7살 때부터 시를 쓰기 시작 했으며 18세 때 첫 시집을 발표했다. 크리스티나 로제티는 엘리자베스 바렛 브라우닝이 타계하자 그 당시 사람들이 엘리자베스의 "여성 계관시인"의 자리를 계승할 시인은 당연히 크리스티나 로제티라고 말했을 정도로 인정받는 시인이었다. 그녀는 14세 때 신경쇠약으로 인하여 중도에 정규교육을 그만두고 어머니로부터 교육을 받았으며, 결혼할 기회가 두 번 있었으나 모두 종교적인 이유로 이루어지지 않았다. 청혼한 상대 남성들이 모두 영국 국교도인 그녀와 다른 종교를 가진 가톨릭 신자였다. 그녀는 두 번의 약혼이 불행한 결과로 끝난 이후로 세상 사람들과의 접촉을 끊고 어머니와 함께 살면서 환상시, 종교시, 어린이를 위한 시를 쓰는데 전념했다. 말년에는 갑상선 병의 일종인 그레이브스병에 걸려 외부 출입을 거의 하지 않고 종교적인 명상과 시 창작을 하면서 가난하고 조용한 생애를 보냈다. 그녀의 「생일」(A Birthday)은 「언덕 길」(Up-hill)과 더불어 가장 널리 애송되는 로제티의 시 중에 하나다. 이 시에서 시인은 사랑으로 다시 태어난 그녀의 눈앞에 펼쳐진 경이롭고 눈부신 새로운 세계와 사랑으로 인하여 넘쳐 오르는 생의 환희를 간결하고도 선명하게 그리고 있다. 그녀가 27세 때 쓴 「생일」은 항상 구도자처럼 경건하고 성스러운 삶을 추구했던 로제티에게도 감각적이고 세속적인 열정이 숨어 있었음을 보여주는 시라고 할 수 있다. 로제티의 후기 작품인 「언덕 길」(Up-Hill)은 인생이란 불확실한 여정을 걷고 있는 화자가 던지는 질문에 확신에 찬 대답으로 위안해주는 절대자와의 대화체로 이루어져있다. 이 시는 사랑하는 사람과 종교적 차이로 결혼을 포기하고 일생을 병마와 싸우는 고통을 감내하며 살아야 했던 그녀에게 의지하고 사랑할 대상이 종교적인 절대자였음을 추측하게 해준다.

*토마스 하디 (Thomas Hardy: 1840-1928)

하디는 석공의 아들로 잉글랜드 도셋(Dorset)주에 있는 도체스터

(Dorchester)근처 어퍼 보컴프턴(Upper Bockhampton)에서 출생한 소설가이자 시인이다. 젊은 시절 건축기사 일을 하며 쓴 습작 소설들이 당시의 문단에 의해 인정을 받아 소설가의 길로 들어섰다. 이후 하디는 소설가로서 우리에게 널리 알려진 『더브빌 가의 테스』(Tess of D'Urbervilles)를 비롯한 다수의 소설작품을 발표하였다. 대중적인 인기에도 불구하고 하디의 소설은 위선과 모순으로 가득했던 19세기 말 영국 사회의 인습과 편협한 종교적 태도를 비판하고 남녀 간의 성 문제를 과감하고 숨김없이 폭로하였기 때문에 당시의 도덕주의자들로부터 세찬 공격을 받았다. 하디는 그의 마지막 장편소설『미천한 사람 주드』(Jude the Obscure)를 끝으로 소설 창작을 중단하고 젊은 시절부터 염원했던 시인의 길을 선택했다. 소설 절필 후 그는 나폴레옹 시대를 무대로 하는 장편 대서사시극 『제왕』(The Dynasts)을 발표하여 오늘날 19세기의 주요 영국 시인으로 평가받게 되었다. 일반적으로 하디는 비관주의적인 사상을 가진 작가로 알려져 있다. 그의 소설에서와 마찬가지로 그의 시 「우연」(Hap)도 운명에 의해 무기력하게 지배당하는 인간의 실존적 상황을 주제로 하고 있다. 이 시에서 하디는 인간의 의지와 관계없이 우연에 의하여 인간의 행과 불행이 결정된다는 오래된 그의 운명론적인 신념을 반복하고 있다. 그러나 그는 이 시에서 인간이 처한 그러한 실존적 상황이 전적으로 비관적이 아닐 수도 있음을 시사한다. 「우연」의 마지막 행에서 "눈 어두운 운명의 주재자들이 내 순례길에 축복을 고통으로 흩뿌려 놓았네."라고 말하고 있기 때문이다.

*저라드 맨리 홉킨스 (Gerard Manley Hopkins : 1844-1889)

홉킨스는 영국 국교에서 가톨릭으로 개종한 후 예수회 신부가 되어 일생을 성직자로서 보낸 영국 시인이다. 시인으로서의 주목을 받는 그의 작품들이 세상에 빛을 보게 된 것은 홉킨스가 사망 한 지 상당한 세월이 지난 뒤였다. 그가 죽은 지 29년이 경과한 1918년, 당시 계관시인이었던 브리지스(Robert Bridges, 1844-1930)가 홉킨스가 탁월한 시인이었음을 발견하고 그의 시를 모아서 출판했다. 창작 연도가 1876으로 알려진 「알록달록한 아름다움」(Pied Beauty)은 신을 찬양하는 홉킨스의 많은 시들 중 하나다. 이 시는 단순하게 얼룩지고 다양한 모든 것들을 창조한 신에 대한 예찬일 뿐만 아니라 그러한 피조물들로 가득한 다채롭고 경이로운 세상의 아름다움에 대한 노래이기도 하다. 홉킨스는 또한 이 시에서 영원불변하며 유일한 절대자의 이미지와 그가 창조한 세계의 변화무쌍함과 다양함을 대비함으로서 신의 창의력을 아이러니한 방법으로 찬양한다. 홉킨스는 「알록달록한 아름다움」에서 고상하고 값진 것 들 뿐만 아니라 생업에 필요한 도구와 같이 일상의 삶에서 발견되는 작고 하찮은 것들에게서조차 창조자의 사랑을 느낄 수 있음을 알려준다. 홉킨스가 이 시에서 생의 다채로움과 그것의 아름다움을 노래한 것처럼 시의 형식에서도 그는 다수의 다른 작품에서 다양한 형식과 운율을 시도했다.

*알프레드 하우스만 (Alfred Edward Housman: 1859-1936)

하우스만은 옥스퍼드대학 출신의 영국 시인이다. 그는 런던 대학과 케임브리지 대학에서 라틴어 교수로서 고전문학을 가르치면서 시 창작을 했다. 하우스만은 1896년에 출간한 그의 시집 『슈럽셔의 한 젊은이』(A Shropshire Lad)로 시인으로서의 명성을 얻었다. 평자들은 이 시집에 수록된 시들은 라틴 고전학에 저명한 학자였던 그의 모습을 담고 있는 작품답게 간결함과 세련미를 갖추고 있다는 평가를 하지만 하우스만 자신은 그러한 사실을 부인했다. 그는 그의 시가 그리스와 라틴 고전 문학 전통보다는 셰익스피어의 시, 스코틀랜드 민요, 그리고 독일의 시인 하이네의 영향을 받았다고 했다. 「내 나이 스물 하나였을 때」(When I

Was One And Twenty)는『슈럽셔의 한 젊은이』에 포함 된 시 중에 하나로 원래는 제목이 없이 13번 번호로 표시 되었던 것을 나중에 시의 첫 행을 따서 지금의 제목을 붙이게 되었다. 하우만의 시중에서 가장 널리 알려진 이 시는 어떤 현자의 충고를 귀담아 듣지 않은 어느 젊은이의 마음을 스쳐가는 짧은 독백이다. 청년은 사랑할 수 있는 마음이 이 세상의 어떤 금은보화를 얻는 것 보다 더 소중한 것이므로 함부로 사랑을 주지 말라는 충고를 듣는다. 그러나 스물 한 살의 그 젊은이는 이 말에 담긴 진실을 알지 못한다. 1년 후 스물두 살이 된 그의 마음에 그 현자의 경고가 너무도 진실하게 다가온다는 내용의 시다. 하우스만의 다른 시들에서처럼 이 시에도 저변에 깔려있는 비관주의적인 정서를 읽을 수 있다. 이 시의 젊은이가 스물한 살에서 스물두 살 사이에 겪은 일들을 전적으로 부정적인 것으로만 볼 수는 없다. 그것은 그가 현자의 말에 담긴 진리를 깨닫도록 한 것들이기도 하기 때문이다. 이 시의 화자는 일년이란 기간 동안에 그가 어떤 경험을 했는지를 밝히지 않는다. 열려있는 이 시적 공간은 독자들이 상상력으로 채워야 할 부분이다.

*조셉 키플링 (Joseph Rudyard Kipling: 1865-1936)

키플링은 인도에서 출생한 영국의 소설가이며 시인이다. 그는 어린이들을 위한『정글 북』(The Jungle Book)과 다수의 단편소설, 그리고「Mandalay」(1890),「Gunga Din」(1890),「만약에」(If) 등과 같은 시로 널리 알려진 작가다. 1907년 영어권 작가로서 최초로 노벨 문학상을 수상하기도 했던 키플링의 작품은 산문과 운문 구분 없이 당대 최고의 인기를 누렸다. 그의 시「만약에」는 1896년 키플링이 36세가 되던 해에 쓴 시이다. 사후에 출판 된 키플링의 자서전에 따르면 이 시는 1895년 영국군을 이끌고 남아프리카의 보어인들(the Boers)을 습격하다가 비록 패배했지만 당시 영국 언론들로부터 패전의 영웅으로 칭송받았던 린

더 스타 제임슨(Dr Leander Starr Jameson)으로부터 영감을 받고 쓰게 되었다고 한다. 「만약에」는 일반적으로 대중문화가 전통적인 영국인의 미덕이라고 믿게 만든 빅토리아 시대 영국인들의 극기심과 불굴의 정신을 기리는 내용을 담고 있다. 키플링은 자국민들이 뽑은 최고의 작가로 선정된 적이 있지만 그는 제국주의와 군사주의를 옹호한다는 비판을 받고 있는 작가이기도 하다. 그의 시 「만약에」에 대해서도 비아냥하는 글이 나오기도 했지만 영국인들은 투표로써 이 시를 그들이 가장 애송하는 시로 선정하기도 하였다.

2) 미국 시

*필립 프리노 (Philip Morin Freneau : 1752-1832)

뉴욕시 출신의 프리노는 영국의 북아메리카 식민지 중 동부해안의 13주가 영국의 조세정책에 반발하여 일으킨 미국 독립전쟁(1775~1783)에서 민병으로 직접 전투에 참가했던 시인이다. 미국 혁명기의 시인이라고 불리기도 하는 프리노는 자유와 평등을 사랑하고 노예나 인디언처럼 사회의 약자들에게 각별한 연민을 가졌던 민주적인 성향을 가진 시인이었다. 그의 이러한 성향은 그가 시인으로서 신고전주의가 선호하는 우아하고 귀족적인 시어를 고집하지 않고 평범한 일상 언어를 그의 시어로 선택한 사실에서도 잘 드러난다. 프리노는 18세기 미국문학을 지배했던 신고전주의가 19세기의 낭만주의로 전환되던 시기에 작품 활동을 했던 과도기적 시인이다. 그의 초기 작품들은 합리주의에 입각한 신고전주의적 경향이 강하지만 후기작품에서는 유럽의 낭만주의적 요소가 뚜렷하게 드러난다. 그의 「야생 인동덩굴꽃」(The Wild Honey Suckle)은 자연을 중심 모티브로 설정한 낭만적 서정시이다. 미국문학에 낭만주의가 본격적으로 시작 된 것이 19세기 전반기라고 볼 때 그

보다 훨씬 앞선 1786년에 「야생 인동덩굴꽃」과 같은 시를 발표한 프리노는 문학사적으로 미국 낭만주의의 선도자이다. 이 시의 전반부에서 서정적 화자는 세상의 눈길 닫지 않는 곳에 홀로 피어있는 야생 인동덩굴꽃의 소박한 아름다움과 자연의 인자함에 찬사를 보낸다. 시의 중반부에 이르러 화자의 보다 깊어진 내면의 눈은 야생 인동넝굴꽃처럼 인간 또한 죽게 된다는 사실, 즉 자연과 인간의 삶이 가지는 동질성을 인식한다. 시의 마지막 연에서 화자는 한때는 아무것도 아니었던 것이 사라진다 한들 아무것도 잃어버릴 것도 없다는 말로 인생의 무상함에 대하여 스스로를 위안한다.

*윌리엄 컬런 브라이언트 (William Cullen Bryant : 1794-1878)

미국 매사추세츠의 부유한 가정에서 태어난 윌리엄 컬런 브라이언트는 유명한 의사였던 부친의 영향으로 어린 시절부터 영시와 가까이 하는 가운데 뉴잉글랜드의 자연과 더불어 유년기를 보냈다. 그는 1825년 고향에서 하던 변호사 일을 그만두고 뉴욕시로 이주하여 『뉴욕 리뷰』와 『뉴욕 이브닝 포스트』등에서 50년간 편집인 겸 시인으로 활동했다. 유년기의 브라이언트는 정치적으로는 연방주의자, 종교적으로는 칼뱅주의자, 문학적으로는 신 고전주의자였지만 점차 정치, 종교적으로 진보적이 되면서 낭만주의 시에 관심을 두게 되었다. 브라이언트는 『죽음에 대한 명상』(Thanatopsis)과 『물새에게』(To the Fowl)를 발표함으로써 주목받는 시인으로 부상한다. 그의 대표작 『죽음에 대한 명상』은 형식과 내용에 있어서 영국의 낭만주의 시들을 연상시킨다. 이 시는 브라이언트가 17세 때 그레이(Thomas Gray)와 블레어(Robert Blair)와 같은 17세기 영국의 묘지파 시인들의 비가(elegy)와 윌리엄 워즈워드의 『서시』(The Prelude)에서 영감을 받아 쓴 것으로 알려져 있다. 브라이언트의 이 『시선집』에서 소개된 그의 시는 『죽음에 대한 명상』의 일부로서 시작 부분에 해당한다. 이 시의 중심적 주제는 죽음이다. 브라이언트는 이 시에서 인간의 죽음은 자연으로 회귀하는 과정의 하나라고 말한다. 죽음은 삶이라는 보다 큰 사이클의 일부이며 삶의 또 다른 양상이라는 것이다. 그는 『죽음에 대한 명상』에서 우리가 자연의 "고요한 소리"(still voice)와 그 가르침에 귀 기울일 때 모든 번뇌와 죽음에 대한 공포로부터 해방될 수 있다고 한다. 죽음과 자연에 대한 브라이언트의 이러한 시각은 낭만주의 시인들의 보편적인 관점이다. 「푸른빛 용담 꽃에게」(To the Fringed Gentian)"는 1832년 발표된 것으로, 대부분의 꽃들이 지는 시기인 가을, 하늘빛을 그대로 닮은 푸른색으로 피었다 지는 푸른빛 용담꽃을 보며 생이 마감되는 죽음의 순간에 대한 자신의 희망을 표현하고 있다. 이 시는 어릴 때부터 뉴잉글랜드의 전원도시에서 자연과 가까이 하며 성장한 브라이언트가 일생동안 높은 가치관을 부여했던 소박함, 도덕성, 그리고 창의적 상상력을 모두 보여주고 있는 시로 볼 수 있다.

***헨리 웨즈워스 롱펠로우 (Henry Wadsworth Longfellow : 1807-1882)**

메인(Main)주 포틀랜드(Portland)에서 출생한 롱펠로우는 19세기 미국 문화에 큰 영향력을 행사했던 시인이었다. 1850년대에 그는 국민 시인으로서 대중적 인기를 누렸고 그가 타계했던 1882년에는 국내외적으로 명망 높은 시인으로 추모되었다. 그는 하버드에서 어학과 문학을 가르치는 교수로 재직하는 동안 미국인들이 좋아하는 다수의 시를 창작했다. 그의 시는 형식적인 면에서는 보수적이지만 내용적인 면에서는 미국의 역사와 미국인의 삶에 깊이 뿌리를 내리고 있다. 그의 대표작 중 하나인 「인생 찬가」(A Psalm of Life)는 진취적이고 도전적인 19세기 일반 미국인의 정서에 부합하는 시였다. 그는 이 시에서 그의 독자들에게 불투명한 미래에 대한 헛된 불안감이나 지나간 과거에 연연하지 말고 지금 현재에 주어진 삶을 위해 적극적인 자세와 용기를 가지고 최선을 다하라는 충고를 하고 있다. 「인생찬가」는 롱펠로우의 시 중에서 가장 널리 알려지고 애송되는 시이다. 일부 비평가들은 「인생찬가」가 복잡하고 미묘한 인생에 대하여 보다 깊은 인식이나 새로운 비전을 제시하지 못하고 있다며 부정적인 반응을 보인다. 그러나 다소 진부해 보이지만 알기 쉽고 부드러운 언어로 표현된 그의 건전한 인생관은 시로부터 위안과 용기를 얻으려는 많은 당대의 일반 독자들에게는 가슴에 와 닫는 것이었다. 그의 다른 작품 「화살과 노래」 (The Arrow and the Song)에서 화살과 노래는 종종 상반된 의미를 나타내는 알레고리로 해석된다. 이 시에서 화자는 생각 없이 던진 말 한마디 또는 행동이 오랜 세월이 지난 후에도 친구의 가슴에 살아남아 울림을 주는 노래가 되기도 하고 참나무와 같이 굳은 마음에 박힌 화살이 되어 상처를 줄 수도 있음을 암시한다.

*에드거 알랜 포 (Edgar Allan Poe: 1809-1849)

포는 일찍이 유랑 악극단 배우였던 양친을 잃고 미국 남부 리치먼드 (Richmond)의 어느 부유한 집안으로 입양되어 성장기를 보냈다. 어린 시절부터 특출한 시적 재능을 보였던 포는 양부 알렌과의 불화와 방탕한 삶으로 인하여 궁핍하고 고통스런 삶을 살다가 40살에 객사한 불운한 시인이다. 포는 시인으로서 뿐만 아니라 단편소설 작가, 문학 비평가로서도 미국 문학에 큰 족적을 남긴 작가다. 그가 하루아침에 시인으로서 유명해진 것은 그의 시 「갈가마귀」(The Ravine)때문이었다. 이 시에서 그가 사용하고 있는 상징주의적 기법은 보들레르와 말라르메를 포함한 유럽의 시인들에게 영향을 주었다. 따라서 포는 유럽문학에 영향을 준 최초의 미국 시인이라고 할 수 있다. 포에게 있어서 시의 목적은 진실을 전하는 것이 아니라 아름다움과 즐거움을 추구하는 것이었다. 「

애너벨 리」(Annabel Lee)에서도 그의 이러한 유미주의자적인 입장이 잘 나타난다. 다수의 다른 작품에서처럼 포는 이 시에서도 아름다운 여인의 죽음이라는 그가 가장 선호하는 주제를 선택했다. 포가 그의 시론에서 말하고 있는 시적인 즐거움은 일반적인 의미의 쾌락과는 다르게 특이하고 복잡한 미학적 성격을 지닌다. 포가 강조하는 그러한 시적인 즐거움과 미학을 창조하기 위해 요구되는 것은 아름다운 여인의 죽음이라는 주제와 더불어 시의 음악성이다. 「애너벨 리」는 형식적인 면에서 민요와는 다른 것이지만 포는 그 시를 민요라고 주장했다. 민요의 특징 중 하나는 동일한 어휘와 구절을 반복하여 음악적 효과를 내는 것이다. 포는 「애너벨 리」에서 어린 나이에 죽은 애너벨 리에 대한 애도의 분위기를 효과적으로 조성하기 위해 그러한 방법을 사용한다. 그가 「애너벨 리」에서 "L" 발음을 반복적으로 사용한 또 다른 목적은 이 시에서 애도의 분위기와 더불어 음악적인 효과를 노렸기 때문이다. 참고로 "L"자는 포가 다른 시에서도 음악적 효과를 창조하기 위해 자주 사용하는 글자이다. 예로 들자면 "Eulalie," "Lenore," "Ulalume" 단어들이 있다. 「애너벨 리」에서 반복적으로 언급되는 여성 애너벨 리가 누구인가에 대해서는 다양한 의견이 있으나 그 여성은 열세 살의 나이로 27세였던 포와 결혼했다가 25세에 요절한 그의 사촌누이이자 아내였던 버지니아 클램(Virginia Clemm)이라는 의견이 지배적이다.

*월트 휘트먼 (Walt Whitman: 1819–1892)

뉴욕 주 롱 아일랜드(Long Island)에서 태어난 휘트먼은 19세기 미국의 대표적 시인이다. 휘트먼은 11세 때 경제적인 사정으로 정규교육을 중단 한 이후 언론인, 교사, 공무원, 잡지사 편집인, 인쇄소 보조원 등 여러 가지 일을 하며 소설과 시를 썼다. 그가 시인으로서 주목받게 된 것은 1855년 자비로 출판한 그의 시집 『풀잎』(Leaves of Grass)때문이다.

휘트먼의 대표작『나의 노래』(Song of Myself)가 포함된 이 시집은 당시 미국의 저명한 초월주의 사상가이며 에세이 작가였던 에머슨(R. W. Emerson) 에 의해 극찬을 받은 덕택에 대중들의 주목을 받았으나 선정적이고 외설적인 내용 때문에 논란의 대상이 되었다. (휘트먼은 이 시집을 출판한 시인이라는 이유로 몇 차례 취업을 거절당하기도 했다.) 그러나 이 시집은 오늘날 그의 최고의 걸작으로 평가되고 있다.『풀잎』은 1855년 초판이 나온 이래 휘트먼이 사망하기 전까지 같은 제목으로 여러 차례 개정판이 나왔다. 이것은 문학작품을 끝없이 성장하고 변화하는 살아 있는 생명체로 간주하는 휘트먼의 유기론적 문학관이 반영된 것이라고 할 수 있다. 이것은 또한 낭만주의의 문학이론이기도하다.

『나의 노래』(Song of Myself)는 휘트먼의 시집『풀잎』초판에 별도의 제목 없이 포함되었던 시였다.「나의 노래」라는 제목이 붙여진 것은 1860년에『풀잎』시집의 3번째 개정판에서 였다. 휘트먼은 이 시가 당시 미국인을 화합하게 하여 남북전쟁을 피할 수 있기를 기대했다고 한다. 그 당시에는 파격적으로 받아들여졌던 자유시 (free verse)형식으로 휘트먼은 미국의 초월주의의 대표적 사상가 에머슨의 사상을 시로 표현했다. 그는 자연과 신에 존재하는 신성이 인간 개개인에게 존재한다는 에머슨의 사상을 바탕으로, 인간의 원죄의식을 강조하고 신의 은총에 의존하던 종래의 청교도적인 인간관에 전적으로 배치되는, 자아를 찬미하는 당시로서는 매우 파격적인 시를 쓸 수 있었다.「나의 노래」에서 휘트먼의 자아는 시인 자신만으로 머물지 않는다. 휘트먼이라는 이름의 시적 화자는 자연과 외부의 모든 사물, 인물들, 길거리에서 만난 부랑자, 걸인, 남녀 구분 없이 모든 인간, 그리고 심지어 길가의 풀잎 속에서도 자신의 모습을 발견한다. 휘트먼의 시에서 시적 자아인 '나'는 나아가 그들 속에서 자신을 발견하는데 그치지 않고 그가 보고, 만지고, 듣는 모든 것이 그의 일부가 되고 있음을 노래한다. 이것은 시의 초반부에서 휘트먼 이라는 한 개인으로 출발한 화자가 결국은 우주적 자아로 확장되는 것을 의미한다. 「오 캡틴! 나의 캡틴!」(O Captain! My Captain!)은 아브라함 링컨 대통령의 죽음을 애도하는 시다. 남북 전쟁 당시 부상당한 북군 병사들을 간호하기도 했던 그에게 링컨은 영웅적인 존재였다. 이 시에서 반복적으로 언급되는 배(ship)는 미국을 의미하며 남북전쟁을 뜻하는 무서운 항해(Troubled trip)를 이끈 선장은 바로 링컨 대통령이다.

*에밀리 디킨슨 (Emily Elizabeth Dickinson: 1830–1886)

디킨슨에 대하여 알려진 전기적 사실은 매우 단편적이다. 그녀는 할아버지가 설립한 엠허스트대학이 위치했던 매사추세츠 주 엠허스트에서 태어나 엄격한 청교도 가정에서 성장했다. 디킨슨은 여자 신학교에서 교육을 받기 위해 1년 동안 집을 떠난 경우를 제외하면 이십 대 중반부터 55세의 나이로 죽기까지 거의 외부와 접촉을 끊고 독신으로 살다 간 독특한 시인이다. 디킨슨이 그러한 칩거 생활을 하게 된 이유가 두 차례 혹독한 실연의 경험을 했기 때문이라는 견해가 있지만 그것은 추측에 불과하다. 항상 흰옷 차림을 하고 같은 집에 살던 가족들로부터도 고립된 삶을 고집했던 디킨슨이 평생 동안 쓴 시는 무려 1800 여 편이다. 하지만 그녀 생전에 발표된 작품은 서너 편에 불과하다. 디킨슨 사후 수년이 지난 1897년 디킨슨의 작품들이 출판되어 처음으로 세상에 선보였을 때 그녀의 시에 대한 비평가들의 반응은 냉담했다. 당시의 비평가들은 그녀의 시가 전통적인 시 형식을 벗어난 것이라고 생각했다. 디킨슨이 뛰어난 시인으로 재평가 되고 미국 최고의 시인 중의 하나라고 찬사를 받게 된 것은 1920년대부터이다. 시인으로서 디킨슨은 예리한 직관력으로 파악한 시적 대상을 최대한 압축된 형식과 강렬한 이미지로 표현한다. 이러한 경향 때문에 디킨슨의 시는 대부분 난해하다. 디킨슨은 휘트먼과 동시대를 살았지만 자신의 시에서 남북 전쟁이나 그

밖의 정치 사회적인 이슈를 언급한 경우가 없다. 외부 세계의 현실과 단절된 환경에서 시 창작을 했던 디킨슨은 주로 사랑과 죽음, 그리고 신을 주제로 한 시를 많이 썼다. 앞서 언급했듯이 디킨슨이 은둔자의 삶을 선택한 것은 젊은 시절 그녀가 겪었던 쓰라린 실연의 경험 때문이라고 주장하는 비평가들이 있다. 그러나 그녀가 선택한 그러한 삶은 에머슨의 초월주의적인 사상과 무관하지 않다. 그녀가 "영혼은 제 자신을 친구로 선택 한다" 현실을 도피하는 행위였다기보다는 그녀의 자아와 자연 또는 우주와의 진정한 만남을 위한 선택이었다고 해석할 수 있다. 그녀는 독신으로 일생을 살았지만 생을 비관적으로 노래한 시인이 아니었다. 휘트먼이 그의 시에서 민주적, 개방적, 범신론적인 자아를 노래했다면, 디킨슨은 자아는 「영혼은 제 자신을 친구로 선택 한다」(The Soul Selects Her Own Society)에서 보여주듯이 일국의 제왕이 찾아와 무릎을 꿇고 만나기를 원해도 동요하지 않는 도도하고 배타적인 모습을 보인다. 디킨슨은 자아와 영혼의 충만함과 고귀함을 노래한 시인이었다. 그녀의 그러한 자아관은 초월주의자 에머슨이 강조한 개인주의의 일면을 드러낸다. 디킨슨의 자아는 에머슨이 "영혼은 제 스스로가 하나의 빛나는 별이다"라고 한 말을 상기 시킨다. 설령 디킨슨의 수많은 시 중 일부가 어떤 고통스러운 경험을 드러낸다고 해도 그녀의 대다수의 다른 시에서는 그것이 생에 대한 새로운 비전으로 승화된다. 이 시선집에 소개 된 그녀의 두 편의 시 「희망은 날개 달린 것」(Hope is the Thing with Feathers)과 「초원을 만들고 싶다면」(To Make a Prairie)에 언급되고 있는 새와 벌과 같은 자연의 세계는 디킨슨에게 특별한 의미를 가진다. 자연은 그녀에게 위안과 자유, 그리고 상상의 세계를 열어준다. 「희망은 날개 달린 것」에서 디킨슨은 희망을 새의 깃털로 형상화함으로써 자연의 세계와 사유의 세계를 결합한다. 이 시에서 디킨슨은 희망을 새의 깃털로 표현한다. 희망은 역경 속에서 더욱 달콤하다. 그것은 깃털마냥 혹독한 겨울의 추위 속에서도 온기를 전달해주고 따듯하게 품어주는 포근한 어떤 언어로 표현 불가능한 느낌이기 때문이다. 「초원을 만들고 싶다면」은 아주 짧고 간결한 시이지만, 디킨슨의 일생을 지배한 자연에 대한 깊은 사랑과 교감을 잘 나타내 보여주고 있다. '초원'은 물리적으로 거대한 것이지만, 시인은 단 클로버 한 잎과 벌 한 마리, 이 지극히 작은 두 가지 물리적인 것, 그리고 상상력을 의미하는 '꿈'만으로 만들어낼 수 있다고 노래한다. 백일몽, 혹은 몽상을 뜻하는 'revery'는 무한한 상상의 나래를 범주로 하고 있는 것이지만, 시인은 명상을 통한 진정한 비전을 이 시에서 상징하고 있는 것으로 볼 수 있다.